Paris

http ://www.laboiteapandore.fr

La Boîte à Pandore est sur Facebook. Venez dialoguer avec nos auteurs, visionner leurs vidéos et partager vos impressions de lecture.

ISBN : 978-2-87557-185-4 – EAN : 9782875571854

Dépôt légal : D/2015/11906/39

JEAN-MICHEL SNOECK

MÉMOIRES D'UN TATOUEUR

L'encre raconte toujours une histoire

À ma fille, Romane, qui me donne la force de continuer.

À Angie et Laurent, sans qui je n'aurais jamais écrit un seul mot.

En mémoire de mon ami Yves Debay, qui m'a donné le goût de l'écriture, tombé en faisant son boulot de journaliste à Alep (Syrie), le 17 janvier 2013.

Un tatoué, c'est quelqu'un qui s'engage, totalement!

Préface

J'ai rencontré Jean-Michel pour la première fois dans un contexte sans lien avec le tatouage, pour des raisons qui n'ont rien à voir avec le sujet de cet ouvrage. Je vais donc, cher lecteur, te faire grâce du plus gros des détails et attaquer directement le cœur du sujet.

J'ai tout de suite adoré ce mec.

Deux mètres de haut, un mètre de large, avec des mains grandes comme des pieds et la voix qui porte, on s'est serré la main, et trente secondes après on était quasiment potes. Autour d'une choucroute et de deux plâtrées de poulet tagliatelles, on a parlé du sujet qui nous intéressait, mais aussi de plein d'autres, avec cette agilité de l'esprit et cette tonitruance qui fait briller les yeux et rigoler un peu trop fort. Le resto, immense, était subitement un peu trop petit. Les gens assis autour de nous se tassaient sur leurs chaises. Les serveurs demandaient gentiment – et sans s'approcher – avant de débarrasser les plats.

Jean-Michel est un personnage immense, aussi bien physiquement qu'intellectuellement et humainement.

Quelques mois après cette rencontre, il traçait les contours à l'encre noire d'un gros dragon sur mon bras gauche. On bossait déjà ensemble régulièrement. On se connaissait un peu… Et personne d'autre que lui n'était digne, selon moi, de me piquer la couenne. J'avais déjà un petit tatouage dans le dos, un truc discret que je ne montrais jamais à personne ou presque. Ce gros dragon et ce bras japonais allaient être visibles tout le temps. Ce tatouage-là était une petite mort, un rite de passage. Il y aurait un avant et un après. Il allait me fermer certaines portes et m'en ouvrir d'autres. Pour ce moment unique, important, sacré, je voulais que ça soit lui. Lui qui habitait à mille cent kilomètres de chez moi.

Cher lecteur, je me suis régalé à lire, avec quelques détails inédits, les histoires et anecdotes que Jean-Michel m'a racontées. Je me suis régalé à lire sa prose qui ressemble tellement à sa manière véhémente de parler. Je me suis pris à rire, à être touché, à être horrifié… et à avoir envie d'une nouvelle dose d'encre.

Le tatouage est un truc addictif. Les deux ou trois premiers sont souvent très espacés, mûrement réfléchis, puis on en veut toujours plus, au point de très vite calculer la place restante et les projets à venir. En décorant sa peau, on fait à chaque fois le deuil de sa peau vierge, on accepte un fait irréversible, on exprime des choses à soi-même et au monde. Le tatouage n'est pas un acte anodin, d'autant moins qu'il est, de fait, un acte de rupture avec beaucoup de codes sociaux. Une affirmation de notre liberté… « Et s'ils ne sont pas contents, c'est pareil »…

Le tatouage, aujourd'hui, devient peu à peu mainstream, à grand renfort de crèmes anesthésiantes et de machines plus douces qui permettent à des tas de gens élevés dans la ouate d'avoir l'air de gros méchants. Le tatouage, aujourd'hui, devient dans certains milieux une pratique artistique élevée et une jolie branlette intellectuelle. On consomme de plus en plus le tatouage comme on consomme tout le reste… Mais il reste, fort heureusement, quelques grandes brutes capables de dire simplement « non », de dire « oui, bien sûr que ça fait mal », et qui ne vont pas appuyer moins fort ni tracer moins vite pour élargir leur clientèle à tout un tas de gens qui ne sont pas prêts à payer le vrai prix de la chose : la douleur. Tous ces gens qui ne sont pas dans un rapport de respect bien réel avec l'aiguille et le tatoueur, pour moi, sont des imposteurs. Ceux-là, comme beaucoup d'autres, en prennent pour leur grade dans ce livre. Bien fait pour leur gueule !

Jean-Michel est, de loin, le mec qui m'a fait le plus mal sans que je cogne dessus… Parce que oui, un rite de passage, ça se mérite.

Ah oui et j'oubliais. Accessoirement aussi, c'est beau.

David Manise

Anthropologue
Instructeur de survie

Avertissement

Enfin, je pourrais appeler ça « prologue » ou « introduction », mais « avertissement », j'aime bien, même si ça me fait penser à « avertissement sans frais », façon huissier de justice, ce qui est un vilain métier, d'après moi. Je pourrais le remplacer par « prolégomènes », c'est un joli mot aussi. Faisons, déjà, une courte pause pour savourer ce mot qu'est « prolégomènes », en faisant rouler les R... Non, tout compte fait, c'est pédant ; je préfère voir ma prose voisiner San Antonio que Kierkegaard, question de style !

Et puis, vu son format, ce bouquin est mieux près des livres de poche qu'entre deux pesants traités de philosophie germanique !

L'idée d'écrire m'est venue après deux conversations avec des jeunes collègues, des gens de la génération actuelle, tellement pourris de talent que ça me dégoute parfois.

L'un me disait, avec une modestie qui l'honore et est bien rare dans une profession **où** la plus grande partie des gens ont un ego surdéveloppé, qu'il avait eu la chance de débuter avec des pointures, des gens formés eux-mêmes par des tatoueurs de mon âge. Quelle leçon de modestie, de la part de ce talentueux mouflet qui prononçait ces paroles en fignolant une infirmière « *old school* » juste sous mon cœur !

Je dois bien reconnaitre que les tatoueurs qui sont encore, très provisoirement, du bon côté de la cinquantaine, n'ont pas eu des « maîtres » qui soient des cadors. Bien sûr, ils faisaient du travail correct, dans les années 70-80, mais ce n'est plus comparable avec aujourd'hui : encres, conditions d'hygiène, tout a changé, et pour le mieux.

Les clients d'aujourd'hui n'imaginent pas les conditions d'hygiène des tatoueurs, il y a seulement vingt ans de ça. Et si le mec qui m'a formé avait eu le dixième du talent du jeune crétin qui me disait ça, il aurait figuré dans le top 10 européen, de son époque, bien sûr !

L'autre, une jeune lady, jolie tatoueuse tout aussi pourrie de talent, de surcroit dotée d'un caractère de pit-bull et d'une efficacité professionnelle de chasseur-bombardier F18, regrettait la douce époque du tatouage « underground » (il faut croire que quelques clients du genre «*fashion victim*» lui avaient tapé sur les nerfs, qu'elle a sensibles), époque où cet art de la rue était réservé aux marins en escale, aux légionnaires en permission et aux rockeurs, qui, eux, à l'en croire, ne faisaient pas chier le tatoueur en ayant des vapeurs de vierge ! Sur ce coup, je me marrais bien parce que, aussi talentueuse que soit la demoiselle, il lui manquait pas loin de quinze piges au compteur pour savoir de quoi elle parlait.

C'est alors que je me suis rendu compte que, sans être un des ancêtres de la profession, j'avais eu la chance de voir la fin de ces années-là, celles où les tatoueurs, n'étant pas encore des artistes (enfin, pour la plupart) et n'appartenant à la voyoucratie, naviguaient à vue entre les berges des deux mondes : Ils étaient des marginaux, au sens premier et non-péjoratif du mot, ils vivaient simplement autrement.

J'ai vu le tatouage sortir de la rue, gagner les bras des bourgeois, des gamins qui sortent en boite. J'ai vu les hirondelles «*old school*» quitter les plis de l'aine des «*skinhead girls*» pour atterrir sur l'avant-bras des étudiantes en droit.

J'étais là.

Entendons-nous bien, je n'ai pas la prétention de donner dans l'étude sociologique (c'est toujours un peu barbant à lire, ces machins-là) ou de raconter l'Histoire, avec un H majuscule, du tatouage, avec son évolution (bien réelle), et *tutti quanti.* Ma seule prétention est de narrer un parcours, le mien. Il ne faut donc pas chercher ici ce qui ne s'y trouve pas: pas de conseil éclairé aux jeunes (quoique...), de leçon de philosophie.

Ceci n'est que mon histoire de tatoueur. La différence entre un conte de fées et une histoire de tatoueur, c'est que le conte commence par «il était une fois...», alors que l'histoire de tatoueur commence par «Alors écoute, c'est pas des conneries, mais j'te jure que...» Tout est vrai dans ce qui suit.

Ceux qui me connaissent le savent, je n'ai pas la langue dans ma poche; aussi, dans les pages qui suivent, j'ai bien l'intention de taper sur tout ce qui bouge, tout le monde va en prendre pour son grade: les tatoueurs et les tatoués, les mecs et les nanas, les vendeuses, les apprentis, les organisateurs de convention, tout le monde! Le sens de l'humour, c'est particulier. Tout le monde affirme l'avoir, jusqu'au moment où un grand chacal dans mon genre te taille un costard. Là, tu fais ton effarouché, pas vrai? En fait, les vrais blaireaux, les blaireaux intégraux, se comportent comme des blaireaux vingt-quatre heures sur vingt-quatre! Mais nous, les gens normaux, on n'est pas des blaireaux, d'accord?

On est les éléments sains de la société, les anticorps à la bêtise ambiante. Mais il nous arrive de nous comporter comme des cons, des vrais!

Quel est le mec qui peut affirmer, sans rire, «Je me suis toujours conduit en type bien et réglo»?

Quelle est la fille qui peut se regarder dans une glace et dire « Je ne me suis jamais comportée comme une garce » ?

Par conséquent, j'ai bien l'intention d'envoyer tous azimuts, et tant pis si ça grince des dents du côté du lectorat. Si ça t'inquiète, arrête cette lecture (pourtant édifiante), revends ce bouquin sur eBay.

Avec le bénéfice de cette vente, achète donc un bouquin de Paulo Coelho : cet homme dit de belles choses sur la vie, l'amour et l'amitié entre les Hommes. Tu en auras grand profit sur les réseaux sociaux, où de telles phrases font leur petit effet, illustrées par une photo de petit chat, de chiot ou, à la rigueur, de petit pangolin.

Dans le cas contraire, t'es prévenu, tu vas en prendre plein la truffe !

T'es encore là ?

Okay, embarque alors, le navire n'est pas prêt de jeter l'encre.

Avant d'envoyer la sauce, encore un point. Chaque fois que je me suis fait tatouer, j'ai appris quelque chose, parfois à la dure, sentant dans ma peau le travail de chaque aiguille. Aussi, je voudrais avant tout remercier tous ceux qui m'ont tatoué, c'est-à-dire Marc, Jeff, « Light » Phil, Patrick, Bruno Kea, « Cool-Hand » Luc, Tin-Tin, Neusky, Carlito, Shad, Fafnir, Éveline, Paul, « Mike-the-Canman », Jean-Paul, Phil Kyle, Ben, Émilie « la Perla » et Marcin.

Et, surtout, je remercie mes clients, tous !

C'est tout (pour le moment).

La première plongée dans l'encre

J'imagine, lecteur, que si tu as acheté et ouvert ce bouquin, c'est sans doute parce que tu te demandes comment on en vient à faire ce boulot.

Bon, je vais pas te raconter toute ma jeunesse, des pans entiers ne regardent que moi et sont sans rapport avec le tatouage, mais je vais quand même me déboutonner un peu et t'en narrer une partie.

Imagine le loustic que je pouvais être vers seize ou dix-sept ans.

L'école de la bonne bourgeoisie libérale où je tirais ma flemme venait, non pas de me virer, mais de me signifier, assez sèchement ma foi, que ma réinscription n'était pas souhaitable. Cet excellent établissement scolaire se revendiquait pourtant d'un avant-gardisme pédagogique dont on aurait pu espérer mieux.

Bien sûr, je dois bien confesser des notes peu glorieuses, ainsi que l'une ou l'autre peccadille et autres entorses à la discipline. Passons !

Il faut dire que je consacrais un temps infini à trainailler dans les rues de Bruxelles avec d'autres gibiers de tableau noir de mon acabit, passionnés, comme moi, de musique, partageant notre temps entre des bagarres avec nos semblables à la fin des concerts (pour une fille, un affront imaginaire ou pour l'honneur, chatouilleux comme chacun sait l'être à cet âge-là), l'école (corvée infâme) et des bistrots minables où nous trainions notre ennui durant les heures de cours que nous séchions.

Nous nous fabriquions une culture plus ou moins voyoute, entre Renaud et les Sex Pistols, la bière et les parties de flipper.

Notre uniforme était un jeans et un blouson de cuir, dans la poche duquel, entre le briquet Zippo et le paquet de tabac, trainait le couteau à cran d'arrêt, accessoire indispensable de la mythologie apache, surtout utile pour s'attirer des emmerdes avec les flics en cas de découverte. Mais enfin, il faisait partie de la panoplie!

Fatalement, l'un ou l'autre tatouage étaient des éléments indispensables à la crédibilité du cinéma qu'on s'était construit avec mes potes. On en parlait beaucoup entre nous, bien sûr, mais de là à passer à l'acte… Des tatoueurs, dans les années 80, il y en avait moins qu'aujourd'hui, deux ou trois en ville, sans plus. Leurs studios étaient le rendez-vous obligatoire des petits brigands: tous les punks, skinheads et autres métalleux s'y retrouvaient pour se faire piquer la couenne, avec un talent d'ailleurs relatif, et un goût plus relatif encore!

Ma fascination pour la chose était d'autant plus grande que j'avais découvert, dans la bibliothèque paternelle, un bouquin dans lequel un pseudo psychologue quelconque démontrait (photos à l'appui) que le tatouage était un truc réservé aux marins, légionnaires, malfrats et autres durs en cuir perfecto.

Rien de tel pour me motiver!

Ce qui me manquait, c'était le pognon. Ha, je me marre doucement, quand, actuellement, je vois se pointer au studio un ado boutonneux ou une mignonne midinette, accompagné de papa et maman qui financent l'opération. Pas question pour moi, à l'époque, d'espérer taxer de l'argent à ma mère, en lui expliquant que c'était pour me faire tatouer. Je me serais fait envoyer à la gare et vite fait ! Quant à tenter ce coup-là avec le paternel, au mieux, il se serait foutu de ma gueule, le genre de risque qu'à quinze ans, on veut éviter par-dessus tout.

Bref, la cérémonie initiatique à l'encre était remise à plus tard.

Je gagnais, dans ces années-là, un peu de fric en assurant la sécurité dans des soirées de province ou dans des concerts locaux, ce que ma grande taille et un certain talent dans l'application des paires de claques me permettaient, mais cette manne me filait entre les doigts aussi vite que je la gagnais, claquée en bières et en soirées avec des nanas grandes, blondes aux yeux clairs et avec des gros…

Il me fallut donc un moment pour réunir une somme suffisante.

Quand j'eus économisé 1500 francs (une somme pour cette époque où on vivait avec un billet de 1000 par semaine), je pris donc mon courage à deux mains pour me rendre, sans rendez-vous préalable (il n'avait pas le téléphone), chez Jeff Tattoo, le tatoueur qui officiait dans le centre-ville, à deux pas de la Grand-Place, dans une ruelle mal pavée où, je l'ignorais encore, j'allais passer une grande partie des vingt ans suivants.

Je connaissais par cœur la vitrine de Jeff : des lions, serpents, dragons et panthères y entouraient la photo du chanteur Renaud qui, foulard rouge autour du cou, exhibait ses muscles de poulet rachitique abondamment tatoués : toute une mythologie !

La porte jaune du studio était fermée : je poussai, rien ! Partagé entre la déception et un lâche soulagement, je m'apprêtais à tourner les talons, lorsque j'aperçus un bout de papier collé sur la porte en question. Il expliquait que le tatoueur était parti boire un coup et que le chaland potentiel motivé par un tatouage (moi en l'occurrence) était prié d'aller le chercher au bistrot dont l'adresse suivait.

Ambiance! Rassemblant tout mon courage, je me pointai au bar en question, un boui-boui peu reluisant, tenu par un vieux portugais revêche qui ressemblait à un pruneau, et m'y enquerrai du tatoueur. Un signe du pouce du « Señor Dézano » me désigna un grand type coiffé en banane et chaussé de santiags, les bras garnis de tatouages sentant plus l'art carcéral que l'école flamande.

Mais il était trop tard pour reculer: avec le vague sentiment d'être en train de faire une connerie, je me lançai.

— Bonjour, c'est vous le tatoueur?

— Ouaip, qu'est-ce que je peux faire pour toi?

— Ben un tatouage (il se foutait de moi?)

— OK, suis-moi!

Je suivis donc le gaillard jusqu'au studio, nous étions en juillet, et la sueur commençait à me couler entre les omoplates. Il flottait dans le salon de tatouage l'habituelle odeur qui caractérisait ce genre d'endroit à l'époque: un mélange subtil de haschich, d'encens, de Dettol et d'encre de Chine.

Quant à la déco, c'était pire! Aux murs, des icônes religieuses colorées de façon criarde côtoyaient des cadres aux dorures écaillées avec des motifs de tatouage désuets. Sur une étagère, un cendrier vantant les mérites d'une marque d'apéritif voisinait une statue de vierge en plâtre de second choix – avec une verrue sur le nez – que l'on aurait cru volée dans une église mexicaine. Une horreur! Un canapé, qui avait dû servir longuement dans le petit salon d'un bordel de province d'avant-guerre, permettait à une clientèle choisie de consulter des catalogues amoureusement coloriés au feutre.

— OK, tu le veux où, ton tattoo ?

Un instant de réflexion : il fallait pouvoir le cacher.

— Sur la poitrine, à droite.

— Et tu voudrais quel genre de motif ?

Merde ! J'avais pensé à tout, sauf à ça ! Vite, rassembler tout ce que le stress de l'instant m'a laissé comme capacité de réflexion (c'est-à-dire pas grand-chose), un éclair, Steve McQueen dans *Papillon*, ouvrant sa chemise pour exhiber un tatouage bleu…

— Un papillon.

— En couleur ?

— Heu, combien ça va me coûter ?

— 2000 balles.

— J'ai que 1500 !

— Ça roule !

L'artiste m'installa sur une chaise, fit un calque rapide, et vogua la galère. Je ne me préoccupais pas de l'hygiène (relative) des lieux : le sida, on commençait à peine à en parler, et la légende populaire affirmait que ça ne concernait que les toxicos, les noirs et les homosexuels. N'étant ni l'un ni l'autre, fatalement, je ne me posais pas trop de questions.

Le gars attaqua dans le bourdonnement de la machine à tatouer : bordel, ça faisait mal, ce truc ! Pire que ce que j'imaginais ; en quelques minutes, j'étais en sueur, je suais des gouttes grosses comme mon pouce. Je sentis en moi monter la nausée : c'était de pire en pire. Profitant d'un moment où il plongea l'aiguille dans l'encre, je demandai une pause et sortis fumer une cigarette : mauvaise idée, la nausée empira et je balançai un jet de vomi dans le caniveau.

Heureusement, je n'avais pas cédé à la mode qui deviendra presque la norme vingt ans plus tard, celle qui consiste à faire du tatouage un acte social, pendant lequel on se fait accompagner par deux ou trois copains et copines. Je me serais tapé la honte !

— Allez, courage, on y retourne, me fit le tatoueur, gentiment.

Un peu gêné, j'ai compris toutefois que tourner de l'œil n'a, en ces lieux, rien d'inhabituel. Quelques minutes de souffrance encore, et il m'annonça :

— Bon, le noir, c'est fait. On attaque les couleurs.

— Heu, non, c'est bon, je l'aime bien en noir, finalement.

En réalité, je n'en pouvais plus ! Je payai en vitesse, reçus quelques consignes pour soigner la chose, il me colla un morceau d'essuie-tout sur le pecto endolori, et je dégageai la zone, direction le Bierkelder, histoire de me refaire une santé à l'aide de quelques bières.

Le Bierkelder, surnommé le Bier, était le bistrot favori de tous les jeunes pirates en blouson de cuir des environs. Sous la férule débonnaire d'un barman répondant, parfois, au doux surnom de « Francis-le-para » et qui y faisait régner l'ordre, nous y passions nos soirées en écoutant un hard-rock tonitruant. J'y croisai ce jour-là un vague pote surnommé Coyote, et nous finîmes l'après-midi dans sa piaule à passer des disques. J'en profitai pour laver à l'évier mon tatouage tout frais.

Ouvrons une parenthèse : bien des années après, j'étais sous-officier de garde à l'École d'infanterie d'Arlon lorsqu'un caporal toqua à la porte de mon bureau, péta un « Garde à vous » digne de l'armée allemande et demanda respectueusement à me soumettre un problème bénin. C'était le gars Coyote, qui deviendra par la suite mon adjoint de section, puis un client de mon studio de tatouage. Fin de la parenthèse.

Plus tard dans la journée, je me rendis à une soirée. Prétextant la chaleur de juillet, j'avais laissé les deux premiers boutons de ma chemise en jeans ouverts, petite vanité qu'on me pardonnera. Une jolie diablesse, durant un slow, eut le bon goût d'y jeter un coup d'œil et de se déclarer suffisamment impressionnée pour m'inviter à passer le reste de la nuit en sa compagnie.

J'ai eu l'insupportable orgueil de croire que mon tatouage tout neuf n'y était pas pour rien. Il faut dire qu'en ces temps-là, les jeunes tatoués étaient encore peu nombreux et, aux yeux de la bourgeoisie, sentaient un peu la canaille (ce n'était pas pour me déplaire, c'était même l'un des buts de la chose).

L'entrée dans l'apprentissage

Les années passent, et je suis devenu un familier du studio de Jeff. Le gars qui m'a fait mon premier tatouage a disparu, et ce sont Jeff et son apprenti, Phil, qui tiennent la boutique.

J'ai terminé mes études, sans gloire particulière je dois bien l'avouer, suis passé par l'armée. Rien qui doive figurer dans cet ouvrage, qui traite de ma vie de tatoueur, pas de mes autres vies. Passons donc…

J'ai maintenant, outre le papillon, une ancre de marine (je me suis mis à faire de la voile), un aigle sur le bras et un dragon sur l'épaule. Je suis devenu pote avec les tatoueurs, ainsi qu'avec quelques autres habitués, dont Patrick, qui deviendra plus tard tatoueur lui aussi, sous le nom de Psychopat, Patrice, qui sera connu comme Fafnir, et Ringo, qui se fera une belle renommée en tant que spécialiste du tatouage traditionnel japonais sous le nom de Shad.

Il n'y a qu'un autre tatoueur en ville, Rocky, dont le talent marquera moins son époque, mais qui a également ses *aficionados*. Les clientèles ne se mélangent pas : il y a les clients de Jeff et ceux de Rocky, dont on reparlera plus loin.

Jeff est un personnage. Son paternel, le vieux Gaby, exploite (et le mot est juste) trois ou quatre studios de tatouage sur Paris, dans l'un desquels travaille Nat, le cousin de Jeff. Lui-même est un fumiste, un bluffeur sympathique et charismatique, d'une gentillesse hors du commun, surtout avec les gens qu'à l'image de son père, il compte former au tatouage, dans le but de travailler moins.

Phil est l'apprenti : un gros type sympa, velu comme un singe et coiffé comme feu Fernandel dans *François 1*[er]. Son talent pour le dessin est limité, mais il est parfait pour reproduire les modèles disponibles dans les catalogues. C'est un ex-boulanger qui a fui la France (la maréchaussée aux fesses, s'il faut l'en croire) pour une sombre histoire de cocu, ce qui explique que c'est lui qui s'y colle chaque fois qu'un client demande un prénom : de son ancien métier, il a gardé une écriture que l'on croirait faite pour écrire à la douille de pâtissier sur des gâteaux !

Un jour, alors qu'il m'encre sur le bras un bracelet celtique, Phil, avec lequel je m'entends bien, m'explique que Jeff a formé d'autres tatoueurs et ouvre un second studio. Ce sera « Scarabée Tattoo », qui deviendra « Ritual » après le départ du fondateur vers des cieux, sinon plus cléments, du moins plus ensoleillés.

Jeff, en effet, tient de son auguste paternel une mentalité de maquereau généreux : il forme des gars, les fait bosser et ne tatoue désormais que peu lui-même, se contentant de passer le samedi soir pour la récolte du pognon. Évidemment, ce mode de pensée jouera un jour des tours au paternel. Imagine, ami lecteur, que le père Gaby forçait un peu la note, dans le genre mac. Il faisait sa petite tournée, en fin de semaine, dans ses studios parisiens, et les artistes qui y bossaient devaient garder les calques des tatouages dans une vieille boite à cigare. Gaby les contrôlait et calculait la recette. Il y avait des dialogues du genre :

— OK, cet aigle-là, tu l'as vendu combien ?

— 2000 francs.

— Ça en vaut trois, la différence, c'est autant de retenu sur ta paie.

Bien sûr, au bout d'un moment, les gars en ont eu marre. Ils se sont réunis, se sont cotisés et, durant leurs congés, ont loué un local en douce. Puis, quand le local fut bien aménagé, ils ont tous démissionné d'un coup, laissant Gaby en plan avec les loyers de cinq studios désormais vides (et les loyers sur Paris chiffrent vite), pour ouvrir leur propre affaire.

Gaby, ruiné, s'est retiré en Espagne, à Benidorm, où il avait un petit studio de tatouage. Je l'y ai vu encrer, avec son fils, des petites pièces, de celles que les touristes affectionnent et qui, si elles ne sont pas extraordinaires du point de vue artistique, nourrissent encore quelques anciens de la profession.

En tout cas, à Bruxelles, Phil m'explique qu'il sera désormais le gérant, qu'il a besoin d'un apprenti et qu'il m'offre la place. J'accepte, et le 1er octobre 1994, je commence mon apprentissage.

Il y a sans doute quelques leçons à tirer de ces débuts dans le monde de l'encre.

Chaque mois, je reçois une ou deux candidatures spontanées, des jeunes qui me contactent et me disent qu'ils veulent devenir tatoueur, qu'ils sont super motivés, prêts à en bouffer, doués en dessin, et blablabla. C'est bien beau, tout ça, mes p'tits loups, mais ça ne suffit pas !

Il n'y a pas d'école pour devenir tatoueur, et les soi-disant stages payants organisés, qui vous promettent de devenir des pros de l'aiguille en deux mois, ne sont qu'escroqueries. Il faut plusieurs années d'apprentissage pour devenir tatoueur. Or, il faut se mettre dans la tête que les professionnels installés ne sont pas des œuvres de charité ou des Mères Teresa de l'aiguille électrique. Quand on forme un tatoueur, c'est qu'on en a besoin, pas pour le plaisir de mettre un futur concurrent de plus sur un marché déjà saturé.

De plus, former un apprenti, si ça prend du temps et de l'énergie, implique aussi de passer des mois, des années avec lui, à lui apprendre le métier, et cela n'est possible que si et seulement si (comme aurait dit mon vieux prof de math) on peut le supporter huit heures par jour et six jours par semaine durant tout ce temps ; c'est pire qu'un mariage.

Conclusion, si vous n'êtes pas pote avec un tatoueur et si celui-ci n'a pas besoin de vous, pas de chance !

Les débuts

C'est donc ainsi que le premier lundi du mois d'octobre 1994, plus de sept ans après m'être fait tatouer pour la première fois, je deviens apprenti-tatoueur !

Motivation, enthousiasme de la jeunesse ou simple ponctualité, j'étais là trente minutes avant l'ouverture du studio, qui ouvrait à treize heures. Une demi-heure passe, puis une autre, j'ai la bouche sèche à force de fumer (et de stress aussi, un peu, avouons-le), car il n'y a personne, ni client, ni tatoueur, et je suis devant une porte close. Une cliente se joint à moi pour attendre : elle a rendez-vous pour se faire piquer une rose sur l'omoplate. C'est l'instant où arrive Patrick, le futur Psychopat, tatoueur de formation très récente (en fait, il n'a que deux ou trois mois d'avance sur moi, mais cela, je l'ignore encore). Il bosse dans l'autre studio de Jeff, Scarabée tattoo. Un jour, il ouvrira son propre studio, Hannya tattoo, où il fait de l'excellent travail aujourd'hui encore.

Ignorant lui-même que je suis le nouvel apprenti de Phil, il ouvre le studio, fait entrer la cliente… et referme, me laissant à la porte. Je me sens un peu con ! Ce n'est qu'une fois cette dame encrée que le malaise se dissipe : l'explication est simple, Phil est malade, et Pat ne connaissait pas mon nouveau statut. Je suis donc invité à revenir, le lendemain. Heureuse époque où un tatoueur malade pouvait faire appel à un collègue d'un autre studio pour le remplacer au pied levé : nous étions collègues, et non concurrents...

Bref, je profite donc de cette après-midi de liberté pour visiter le quartier, qui a bien changé depuis mon adolescence turbulente. Les loustics en cuir noir ont disparu, comme les skinheads et les punks. Seuls certains de ces derniers, confits dans la came et la mauvaise bière, trainent encore dans la zone, se clochardisant progressivement et devenant des « punks à chien ». Je l'ignore encore, mais dans un mois ou deux, je ferai mes premières armes dans ce nouveau métier, en retapant gratos les graffitis bleuâtres qui ornent leurs épidermes crasseux.

Les « nouveaux punks » sont apparus (il en reste aujourd'hui, et ce sont leurs fils) : de gentils garçons et filles, qui s'offrent une panoplie complète de punk dans des magasins spécialisés, panoplie que leurs parents leur permettent de porter durant les grandes vacances, à la condition expresse – c'est évident – que la crête bleue et le cuir clouté disparaissent pour la rentrée scolaire. Et, malheureusement, le Bierkelder a fermé ses portes.

Toute cette voyoucratie, finalement assez peu violente et plutôt branchée, a été remplacée par une autre, issue de l'immigration, portée sur la revente du hash et n'hésitant pas à importuner les jolies filles court vêtues qui font leur shopping (c'est un grand changement dans l'ambiance du quartier).

L'école communale qui faisait face au studio a elle aussi fermé ses portes ; les commerces de fringues et les petits bars sympas ont été remplacés par des night shops et des vendeurs de sandwichs... Nostalgie d'un quartier typique du centre de Bruxelles qui achève sa mutation !

Le lendemain, je suis là, Phil aussi, et ma formation commence. Mes tâches sont multiples, c'est un apprentissage à l'ancienne, où « l'arpète » (apprenti) est taillable et corvéable à merci.

J'ouvre le studio, contrôle que tout le matériel est opérationnel, fait l'accueil des clients, la vente, le café, les calques et les pansements. La soudure des aiguilles est naturellement un travail fastidieux qu'il faut apprendre, les aiguilles toutes faites et stériles n'existant pas encore.

Je dois aussi calquer les planches de « flash », ces dessins conçus pour le tatouage, qui constituent les catalogues des studios de l'époque, et ensuite les colorier.

En effet, la pratique du dessin au calque est, d'une part, une excellente école et, d'autre part, Jeff, en gestionnaire parcimonieux, n'achète qu'un jeu de croquis. Il appartient ensuite à chaque studio d'en prendre copie, il conserve ensuite les originaux. Pas question, tant est grande l'obsession de l'économie, de faire tout simplement des photocopies de ces centaines de planches, sur chacune desquelles il y a une dizaine de motifs. Peu importe, cela me fait la main !

Nouveau dans le poste, je n'ose pas faire de remarques à propos de l'hygiène, domaine qui fait pourtant partie de mes attributions. Nous sommes encore loin des standards actuels en la matière. Je suis pourtant sensible aux énormes progrès qu'il faudra bientôt faire de ce point de vue, ayant fait un stage en hôpital et ayant, à l'armée, passé un brevet de secouriste.

Lecteur, tu n'imagines pas ce qui était la norme dans les studios de tatouage de 1994.

Les aiguilles, que nous soudions nous-mêmes, n'étaient que rarement changées. Quand leurs pointes s'émoussaient, Phil et Jeff se contentaient de les réaiguiser à l'aide d'une vieille lime rouillée, la même qui servait à ébarber les surplus de soudure sur les faisceaux d'aiguilles fraichement soudées.

Des années plus tard, je rendrai service à ces deux vieux de la profession, en leur volant la lime en question ! Je l'ai encore, c'est un trophée, une pièce de collection véritable, morceau d'histoire du tatouage bruxellois. Le collectionneur aussi averti que fortuné peut éventuellement me faire une offre chiffrée.

Ensuite, entre deux tatouages, les aiguilles, montées à demeure dans leurs tubes et sur les machines, trempent simplement dans la « souplette », une solution de Dettol dans le bac d'un nettoyeur à ultra-sons.

Les pansements se font à l'essuie-tout de cuisine et au papier-collant de bureau, le modèle courant agréé par toutes les administrations. Bref, beaucoup d'améliorations doivent être (et seront) apportées dans les années qui suivent ; en attendant la loi de 2005 qui viendra, comme souvent, bien tard, les tatoueurs sérieux avaient pris les devants depuis belle lurette.

Je sens poindre chez toi, gentil lecteur ou jolie lectrice, l'interrogation à propos de cette loi belge de 2005. Patience, j'y reviendrai plus tard.

En même temps que la pratique d'un métier, Jeff et Phil m'instruisent du comportement éthique que les tatoueurs pratiquaient, code moral dont la non-observance pouvait valoir quelques désagréments, genre pavé dans la vitrine du contrevenant. Il s'agissait surtout d'un ensemble de règles de courtoisie professionnelle. Ce code de conduite, hélas, ne fut pas transmis aux générations suivantes, et c'est regrettable. La génération actuelle possède indéniablement un talent qui faisait parfois défaut à la mienne, mais la moralité y est bien souvent élastique. Voir, il y a quelques années, une gamine de dix-huit piges sortir de chez un tatoueur avec une cinquantaine d'étoiles sur le visage eut été inimaginable !

Merde ! Voilà que je me mets à parler comme un vieux schnock !

En gros, les règles en questions n'avaient rien de chinois :

— On ne dégoise pas, on ne bave pas, on ne critique pas un autre tatoueur devant les clients (bon, entre nous, pas de problème, c'est une zone de tir libre).

— Dans la mesure du possible, on évite de faire des tatouages qui risqueraient de porter un jour préjudice au client (un tatouage sur le visage d'un client jeune, par exemple).

— Sauf cas de force majeure (décès), on essaye d'éviter de continuer un tatouage commencé par un collègue.

— On tente de venir en aide aux collègues et on les accueille dans le shop comme des invités (plutôt sympa, ça!)

— Si on veut s'installer dans une ville, deux principes: aller se présenter chez les collègues locaux et ne pas s'installer trop près de chez eux, histoire de ne pas piétiner dans leurs barils à morue.

Mouais, tout ça, c'est si pas mal, mais en pratique, on reste assez loin de la loi scoute ou du code d'honneur des templiers!

L'année suivante, alors que la journée avec Phil tirait à sa fin, je vis entrer un grand type, le genre costaud, qui semblait connaitre mon patron. À ce que je compris, c'était un ancien apprenti de Jeff, qui venait de se farcir deux ou trois piges de placard pour je ne sais quelle raison (connaissant la très relative sévérité de la justice belge et l'encombrement de nos prisons, je me doutais pourtant qu'un gus qui se mange deux ans de ratière ferme, ce n'est pas pour avoir chipé des carambars). Le gars, voulant se ranger des bagnoles, prend sa retraite de la truanderie pour un turbin moins risqué, quoique moins rémunérateur sans doute.

Il monte un studio de tatouage à l'autre bout de la ville. Réglo, il vient prévenir et demander pour emprunter des planches de flash, juste deux jours, c'est juré, histoire de se constituer un fonds de roulement. Note, mon lecteur, qu'à cette époque, il ne fallait pas demander aux tatoueurs d'être des artistes, hein, juste des copistes (certains plus doués que d'autres), d'où l'importance des planches de flash.

Phil, confraternel, n'hésite que peu de temps et prête une série de dessins fraichement acquise par le taulier. Deux semaines plus tard, les croquis ne sont pas revenus, et Phil commence à s'inquiéter un peu.

— Je suis inquiet, mec, j'ai prêté ces planches, mais on ne les a pas encore copiées. Et puis, il y a un sérieux manque à gagner.

— C'est pas compliqué, mon Philoutt', on prend ta caisse et on y va. Tu sais où il perche, ce gus ?

— Oui, mais…

— Écoute, tu veux les récupérer ou pas ?

— OK, on y va maintenant, mais avec diplomatie, hein, et modération.

— Mouais !

Pendant que Phil sort sa Ford Fiesta du garage, je vérifie mes poches : si j'ai toujours ma rapière en poche (vieille habitude), je préfère, pour ce genre de binz, prendre ma « modération plombée ». C'est ainsi que j'ai baptisé ma courte matraque de cuir, en forme de queue de castor, que les flics américains appellent un « sapper ». Illégal, non-létal mais efficace, ne serait-ce que pour la dissuasion.

La route est vite faite, et arrivés sur place, nous entrons dans un studio de tatouage grand comme un mouchoir de poche.

— Ha, Phil, attaque le taulier, salut, tu viens pour les planches, mais en fait, ça ne va pas être possible de te les rendre dans l'immédiat.

Voilà, je le savais ! Je me poste pas loin de l'entrée et fais signe aux deux clients potentiels, des courageux qui avaient plongé le pif dans les catalogues (oui, oui, des catalogues, les nôtres) en silence, d'évacuer la zone prestement et avec autant de célérité que de discrétion. Puis, j'allume une cigarette à l'aide de mon vieux Zippo bosselé : ça me donne une contenance (même si j'ai la gorge un peu sèche, ce qui est normal quand l'ambiance prélude à la baston), et le claquement du couvercle, c'est une façon de signaler à l'autre coco que je suis présent, et qu'en cas d'explication musclée, il devra compter avec moi.

Pendant ce temps, l'autre grand veau joue les affranchis, laissant sous-entendre à Phil que, pour récupérer ses planches (celles de Jeff, en fait, d'où l'inquiétude phillienne), il peut toujours aller se faire élargir le fondement chez les Hellènes (Il utilise d'autres mots, mais c'est le sens général). À cet instant, je percute un truc : Phil, le tatoueur des voyous, le gars qui fait de la boxe deux fois par semaine, l'ex-boulanger qui pèse son quintal, Phil donc a les foies, les chocottes. Il me faut intervenir d'urgence.

BAAAAM !

Ça, c'est ma gomme à effacer les sourires, plombée et gainée de bon cuir sellier, autrement dit ma matraque plombée, que je viens d'abattre avec force sur le coin d'une table, et ça fait du bruit. En fait, de bruit, ça se dégonfle plutôt dans tous les sens, c'est l'inversement de tendance cher aux commentateurs des marchés boursiers : Phil reprend du poil de la bête, et l'autre apache regarde brusquement, et bêtement, ses pieds.

Montrer sa force et sa détermination pour ne pas avoir à s'en servir, parfois, ça fonctionne, mais seulement s'il n'y a pas de protagoniste qui veut jouer le chien chef de meute. En l'occurrence, ici, j'envoyais plutôt un message : « S'il faut que les choses dégénèrent, il faudra compter avec moi, et je ne suis pas venu les mains vides. Alors, tout le monde reste calme et courtois, et personne n'aura de bobo ! »

Phil récupère les planches, plus une machine à tatouer dont il me fera cadeau : « une amende », sourit-il !

J'ai eu la vague impression de vivre un épisode tiré d'un film policier, un truc genre série noire, avec le maffieux à tronche de brutal qui demande en souriant au rachitique transpirant qui joue le rôle de la victime « Tou a encore l'ousage dé tes rotules ? » Après quoi, il va manger des spaghettis dans un restaurant italien où le patron, un cousin, réussit un osso bucco superbe, dont il tient la recette de sa grand-mère. On se croirait dans les Soprano, dans un mauvais remake du *Parrain*. C'est nul, ça pue la truande à deux balles, le mauvais cinéma. Dommage pour mon imaginaire !

En résumé : autre temps, autres mœurs !

Pour une raison que j'ignore encore à ce moment-là, mon apprentissage s'accélère : Phil veut que je sois opérationnel le plus vite possible, aussi il ne tarde pas à me mettre la machine à tatouer entre les mains, sur des clients « punks à chien » qui zonent encore dans les environs.

Puis vient le jour du lâcher en solo, comme disent les pilotes. À partir du mois de décembre, le studio n'ouvre plus à treize heures, mais à onze. À charge pour moi de faire l'ouverture et de gérer, au coup par coup, la clientèle qui se présente dans cet intervalle. C'est à partir de ce moment que je serai payé, selon la logique (très saine, en fait) qui veut que celui qui rapporte du fric en gagne.

Le grand jour est donc là, celui du tatouage réalisé seul, sans la surveillance bienveillante de mon mentor, lequel se trouvait toujours à proximité jusqu'à présent, prêt à rattraper mes éventuelles conneries.

Le premier client est une cliente. C'est une jolie drôlesse, légèrement dodue et à l'œil coquin, qui veut une abeille sur la fesse droite. Bien entendu, elle ignore, la pauvre, qu'elle est ma première victime. À califourchon sur une chaise, cambrée, elle me tend un postérieur un poil callipyge et dénudé, vêtu (c'est beaucoup dire) d'un string minimaliste en dentelle de fort bon goût, mais dont la taille ferait plutôt craindre une crise de l'industrie textile. Pour ajouter tant à mon émoi (qui déclenche dans mon Levis 501 une manifestation de tension spécifiquement masculine) et à mon stress, la mutine me jette, par-dessus son épaule, des regards langoureux. Soucieux de ne pas me louper sur une première œuvre, je prends mon temps, ce qu'elle voit comme une marque d'intérêt à son endroit. Soudain, alors que je viens de finir le tracé, catastrophe, les plombs sautent, c'est la panne d'électricité totale. Évidemment, depuis deux mois que j'usine dans la taule, je ne me suis pas soucié (crétin que je suis!) de connaitre l'emplacement du tableau, qui se révèle être à la cave, une cave noire (bien sûr), encombrée d'un fourbi indescriptible. C'est donc à la lumière de mon fidèle briquet Zippo que je vais rétablir l'électricité dans une cave dont je ressors couvert de poussière et de toiles d'araignée (évidemment, j'avais un jeans noir ce jour-là).

Retour sur l'abeille, que je finis sans bien me rappeler comment, au vu de l'état de stress dans lequel cette histoire m'avait mis. La jolie coquine continue à me couver de son regard tendre, mais moi, en train de gérer la pression, j'en oublie, une fois ce chef-d'œuvre achevé, de lui demander son numéro de téléphone. Il y a des jours où je me mettrais des baffes!

Grosse affaire! Depuis, j'ai toujours une mini-lampe de poche attachée à mon porte-clefs, ce qui est aussi très utile pour les fuites d'eau à la cave ou pour le trou de la serrure, lorsque je me rentre le corps à trois heures du matin en ayant un petit peu forcé sur le Jack Daniel 's-Canada dry.

Les deux mois suivants, je vais « en bouffer », aligner, avec plus ou moins de bonheur, le plus de pièces possible, car les intentions de Phil sont devenues claires : prendre, à partir de février, six semaines de vacances en Australie, et durant ce temps, il s'agit, évidemment, de faire rentrer de la tune. D'autant plus que l'ultimatum est facile à comprendre : normalement, ce mois-là, le studio rapporte autant, il faudra faire le chiffre ! En d'autres termes, j'ai intérêt à m'affoler la nouille si je veux conserver le job !

Du coup, à partir du départ en vacances du dodu Philou au pays des kangourous, je vais accepter de tatouer un peu tout et n'importe quoi, y compris des pièces qui, techniquement, ne sont pas encore à ma portée, faire des erreurs, des horreurs, ramer : tout est bon pour faire rentrer de la tune fraîche. *Mea culpa, maxima culpa*. Si l'ego commande de passer ce douteux épisode de ma carrière, l'honnêteté exige impérieusement cette confession. Dieu merci, les standards de qualité de cette époque lointaine étaient très en dessous de ceux d'aujourd'hui ! Vraiment très en dessous !

C'est aussi durant cette période qu'apparait, dans l'horizon du tatouage bruxellois, la figure de Bruno Kea. Il m'en voudra probablement un peu de ce qui va suivre (Bruno, si tu lis ceci…), mais j'assume. Bruno est en effet, ni plus ni moins, un des rares véritables gentlemans de cette profession !

Son premier geste, s'installant sur Bruxelles, est révélateur de l'esprit particulièrement courtois et confraternel de l'homme : il va faire le tour de tous les collègues afin de se présenter. C'est conforme à la mentalité des anciens tatoueurs, à ces gestes trop rares mais qui donnent le ton des relations entre confrères. Toujours dans le même esprit, jamais vous n'entendrez Bruno, si vous avez un jour la chance de le rencontrer, médire ou baver sur un collègue. Il fait partie de cette race de gens qui, quand ils n'ont rien de positif à dire, se taisent.

Son talent artistique et sa connaissance technique, par contre, confinent à l'incroyable, chacune de ses pièces est un chef-d'œuvre de soin et d'équilibre. J'ose affirmer ici que j'ai plus appris en me faisant tatouer une heure par Bruno Kea qu'en six mois de leçons. C'est un maitre et une rencontre déterminante pour ma progression : dans les années qui suivront, je ferai souvent appel au talent de Bruno pour m'encrer la couenne, ça m'en apprendra long, surtout que le gars n'est jamais avare d'un conseil ou d'un tuyau. Merci à toi, l'ami !

Mais revenons à ce mois de février. J'accumule les heures de tatouage et les rencontres de clients, parfois bizarres. Un cas me revient en mémoire.

C'était un drôle de type, vêtu d'un costard strict, d'une cape noire et rouge, façon « Mandrake le magicien », et coiffé d'un feutre orné d'une rose en plastique, accompagné d'un chien roux et tacheté. Il entre dans le studio, esquisse un signe cabalistique d'un genre inconnu et m'annonce d'une voix grave et solennelle qu'il vient tout juste de fonder une religion nouvelle.

Comme je déclare n'être que peu intéressé par l'idée de rejoindre les rangs des grands initiés, le gourou me rassure : il n'attend de moi que la réalisation du logo de sa religion entre les deux yeux. Il me montre alors un dessin qui, entre le signe des illuminati et l'insigne des parachutistes nicaraguayens, comprend un cœur, une croix, des ailes, et une multitude de détails. Bref, normalement, je refusais (et refuse encore) les tatouages sur le visage, mais j'avoue que lui, pour l'amour du rire, j'ai accepté. Il me quitte, l'opération réalisée (et payée), accompagné de son chien roux et tacheté, en chantant un cantique, prenant probablement la direction de l'asile de percutés du bulbe le plus proche.

Ici, une explication s'impose sans doute : tatouer une personne, c'est déjà, en soi, prendre une sacrée responsabilité ; on la marque à vie. Le faire sur le visage, c'est augmenter d'autant la responsabilité en question, c'est lourd ! C'est aussi déconseillé par la déontologie des tatoueurs de l'époque.

C'est donc chaque fois une décision difficile à prendre, un truc qu'on ne fait pas à la légère (j'avoue bien, *mea maxima culpa*, avoir cédé dans ce cas précis à mon déplorable sens de l'humour).

Les anecdotes de ce type sont nombreuses.

Un soir, vers dix-huit heures, alors qu'il fait déjà noir (nous sommes en février, et la température est, disons, frisquette), un couple entre dans le magasin. Ils sentent le bourgeois friqué à plein nez. Lui, dans la cinquantaine sportive, arbore un complet strict, une cravate et une montre de prix. Elle, du même âge, pas grande et un peu boulotte, porte un tailleur coûteux dont la veste s'ouvre sur un large décolleté, démontrant, au minimum, qu'elle ne craint pas les rigueurs de l'hiver. C'est lui qui parle ; elle n'ouvrira pas la bouche de tout l'entretien.

— Bonsoir, ce serait pour faire retoucher deux tatouages sur ma femme, une fleur et un papillon. Est-ce que vous pouvez nous faire un devis ?

— Bien sûr, mais il me faudrait les voir pour évaluer le travail.

— Pas de problème, Moumoune, fleur !

Obéissante, « Moumoune » déboutonne sa veste de tailleur, sous laquelle elle est nue, et m'exhibe une poitrine opulente et encore ferme. Sur le sein droit s'étale une fleur de lys de bonne taille, dont la réalisation, il est vrai, laisse quelque peu à désirer.

— Moumoune, papillon !

Toujours obéissante à la voix de son seigneur et maitre, « Moumoune » se trousse alors prestement. Nue également sous la jupe de son tailleur, elle m'exhibe un papillon aussi mal réalisé que le lys susmentionné, au milieu d'un pubis glabre. Ses grandes lèvres portent plusieurs piercings, dont l'un n'est autre qu'un mousqueton d'alpinisme.

Monsieur me précise alors qu'il devra être présent durant la séance, que c'est lui et lui seul qui dirigera les mouvements de Madame et que je devrai être torse nu pour travailler.

— Non !

— Comment non ?

— Non, je ne ferai pas ce travail !

—Mais enfin, s'offusque le bourge, le client est roi !

C'est là l'un des aphorismes les plus stupides de la langue française, qui en comporte pourtant une assez belle flopée.

— Vous ne comprenez pas : je suis tatoueur, ce qui veut dire que je fais des tatouages, pas que j'accepte d'être un accessoire pour pimenter votre vie sexuelle, laquelle ne me regarde en aucune façon.

— Eh bien, vous n'êtes pas commerçant !

— C'est pas la question !

— Mais je vous aurais payé !

À ces mots, qui fleurent le parvenu, j'éclate de rire !

— Au moins, vous ne manquez pas de souffle ! Bonsoir M'sieur-dame, et au plaisir !

Sans le savoir, je viens là de poser la base d'une philosophie qui me guidera pendant toute ma vie professionnelle. « Non » est un fort joli mot, à condition toutefois d'être le premier à le dire. Ça me vaudra, et me vaut encore aujourd'hui, une réputation de mauvais caractère. J'assume !

En effet, je considère que, pour faire un bon tatouage, il faut le faire dans de bonnes conditions, et c'est moi, et moi seul, qui fixe les conditions en question. Je ne transige jamais, même si cela implique de perdre un client. Je n'accepte jamais de satisfaire des petits caprices, ou quoi que ce soit de la sorte.

« Non » n'est pas un synonyme de « oui, peut être si t'insistes et que tu largues suffisamment de cash ».

Petit constat social, on vit dans un monde où celui qui paie a toujours raison : il a le droit de boire du Coca-Cola avec du homard et de mettre du ketchup sur son caviar. Il suffit de s'insurger (bruyamment dans mon cas) contre cet état de fait pour avoir rapidement la réputation d'un caractère de chiotte ! Si tu dis « non » avec le sourire, c'est interprété comme une vague taquinerie, genre « en fait, c'est oui, je te fais juste marcher un peu ». Si tu le dis sans sourire, t'es un sale type, désagréable et agressif.

Tiens, un autre exemple : au moment même où je termine d'écrire le paragraphe qui précède, le téléphone sonne. C'est une nana qui souhaite prendre un rendez-vous avec un collègue. Comme il est absent en ce moment, elle me demande son numéro de téléphone privé. Je refuse de le lui donner, lui expliquant gentiment que, par définition, un numéro privé est privé, justement. Sa réaction, d'ailleurs assez classique (hélas), est de m'engueuler copieusement.

Imaginons, juste pour l'amour de la discussion, pour le plaisir de papoter en somme, que je téléphone à ton boulot. Tu n'y es pas, puisque tu es en vacances au Crotoy (ou ailleurs, ce sont tes vacances, pas les miennes). J'ai au bout du fil un de tes collègues auquel je demande (mieux, j'exige) ton numéro privé. T'apprécierais ?

Revenons donc à nos moutons et à ce mois de février.

Tous les samedis soirs, Jeff passe à l'atelier, m'offre un joint (que je refuse) et une bière (que j'accepte), empoche la recette, me paie, me gratifie d'un ou deux conseils, et basta! Il a le bon goût de se déclarer satisfait et augmente un peu ma paie. Quelle gentillesse!

Je ne vois donc le « grand patron » que rarement et ne reçois aucune autre aide: c'est donc clair, les préoccupations de ces braves gens ne sont que financières, et ça me déçoit quelque peu.

Mais, mi-mars, Phil rentre d'Australie, et la routine reprend ses droits. Je progresse régulièrement, en me préparant pour le « rush » de l'été.

Entretemps, il me faut régulariser ma situation administrative. Nous sommes encore dans la période, bénie des dieux, où les tatoueurs sont considérés par l'administration comme des marginaux, difficilement contrôlables d'un point de vue fiscal. Je me rends auprès du tribunal du commerce, afin de m'inscrire sur les registres concernés et obtenir, en tant que travailleur indépendant, un numéro de TVA. J'y apprends, sidéré, de la bouche d'une fonctionnaire, que je ne peux être tatoueur, cette profession n'existant pas. Une situation ubuesque! Comment cette brave dame s'imagine-t-elle que je gagne ma croute? Dans son immense bonté, l'État ne reconnait donc alors les tatoueurs, qui exercent une profession inexistante (ça changera en 2005), que parce qu'il accepte l'argent de leurs impôts!

J'ouvre ici une audacieuse parenthèse, quitte l'année de mes débuts et reviens, l'espace d'un instant, de nos jours. Je paie actuellement la TVA, les lois sociales et des impôts « normaux »: en tout, pas loin de 60 % de mes revenus. J'allonge aussi, ô administration, quatre-vingt-neuf euros d'impôts sur la partie de mon domicile privé dont j'userais à titre professionnel, le ministère ne tenant en aucun cas compte du fait que je loue, fort cher, un local à destination de ma pratique. J'en viendrais presque croire que, si le vol est interdit, c'est parce qu'un certain ministère (celui des finances) ne tolère aucune concurrence !

Je m'étais donc inscrit, jadis, sur les registres en tant qu'artiste, ce dont, à tort, je me foutais complètement. Je dis à tort parce que, si le tribunal du commerce (et, actuellement, la plupart des gens) nous reconnait le statut d'artiste, ce n'est pas le cas du ministère des finances, et plus particulièrement de l'administration de la TVA. En effet, la TVA sur les matières artistiques est de 6 %, mais les tatoueurs cessent pour ce cas précis d'être des artistes pour devenir des commerçants, taxés, eux, à 21 %. Comme si un artiste pouvait vivre sans vendre ses œuvres ! Quand il s'agit de presser le citron contribuable, l'État peut se montrer jésuite.

Notons bien que, déjà en 1887, le journal *Le Temps* parlait des tatoueurs comme d'artistes, ce qui démontre, au moins, que les mentalités évoluent parfois plus vite que les textes des lois administratives (j'ai l'impression d'énoncer une évidence, non ?)

Pressuré, comme bien des indépendants, par la TVA, je me suis renseigné auprès de l'administration en question, dans le service concerné : je voulais connaitre la raison de ce statut à géométrie variable. Une dame, répondant au prénom de Virginie, me donna la réponse suivante (je cite) : « J'ai des dossiers plus importants qui réclament plus d'attention que de répondre à vos questions. » Elle m'aurait répondu « Je n'ai pas que ça à foutre » que ça aurait été à peine plus poli, pas vrai ? De la part de quelqu'un dont le boulot consiste à aller chercher du pognon dans mes fouilles, j'espérais plus ! Je me l'imagine, la mémère, genre vieille fille, chaussures à talon plat et chignon terne (libre à toi de te l'imaginer autrement, façon page centrale d'un magazine pour homme !)

Ce n'est pas avec des réflexions de ce genre que je vais me faire des copains dans l'administration fiscale, moi !

Fin de ma parenthèse temporelle et de mon éternelle mauvaise humeur contre les bizarreries de l'administration. Revenons donc à cette année de mes débuts, et retrouvons ce jeune tatoueur (moi), plus enthousiaste que talentueux.

Un matin, l'air préoccupé, Phil me prend à part :

— Faut que j'te parle, c'est important !

— Oui ?

— Y'a un truc qui va pas : ton look !

— Ah bon ?

— Oui, tu comprends, t'as pas l'air d'un tatoueur, faut que t'aies l'air d'un tatoueur, mec, comment tu veux être crédible comme tatoueur si t'as pas l'air d'un tatoueur, faut que les gens voient que t'es tatoueur, quoi !

— Bon, OK !

C'est la première d'une série de lubies philiennes qui, au fil du temps, égaient le quotidien. Elles seront, pour la plupart, plutôt risibles.

En fait, je ne comprends pas très bien ce qu'il me veut : je porte un jeans, des bottes et un t-shirt, pas de quoi jouer les play-boys ou me trémousser sous les néons d'une piste de danse. Comme à chaque lubie du taulier, je fais semblant de prendre la chose au sérieux, puis cesse de m'en soucier. Phil est plutôt un brave type, dans le fond. Pour l'occasion, je me contente de ressortir mon perfecto, un blouson qu'en plus, j'aime beaucoup, et il se déclare satisfait. D'ailleurs, ni lui, ni personne d'autre n'est fichu de dire à quoi c'est censé ressembler, un tatoueur.

L'année 1995 se poursuit sans autre heurt que l'été : le tatouage devient à la mode et sort doucement de la marginalité.

Désormais, c'est à qui pourra exhiber, sur la plage, l'une ou l'autre marque indélébile, mais discrète, histoire de ne point se porter préjudice dans la vie professionnelle. Nous faisons des affaires en or, et je suis régulièrement augmenté, gagnant maintenant correctement ma vie.

Jeff quitte définitivement la scène du tatouage belge, revend ses parts des différents studios et s'exile en Espagne, où il va rejoindre son papounet Gaby, récemment spolié de ses plantureux bénéfices parisiens.

Pour la première fois, en fin d'année, je prends quelques vacances bien méritées. À mon retour, j'ai la surprise de voir mon plan de travail occupé par un petit gars souriant, à la carrure de ticket de métro, étrangement vierge de tout tatouage. Il se présente : Carlo, qui deviendra vite un bon copain, puis un excellent ami, et enfin un associé (mais n'anticipons pas).

Phil arrive et m'explique que Carlo, également surnommé Carlito, ex-sculpteur publicitaire et excellent dessinateur, est la nouvelle recrue du studio. Ce n'est pas surprenant, car j'ai compris au cours de l'année écoulée que, si Phil est un reproducteur parfait de dessins existants, ses capacités créatrices dans ce domaine sont limitées, vraiment limitées.

En réalité, il apparait vite que c'est à moi qu'il incombera de former Carlito au maniement de la machine à tatouer. J'apprends donc beaucoup moi-même par la nécessité de formaliser ma parole pour rendre compréhensibles des choses que je faisais plus ou moins inconsciemment. Je profite de ce nouveau rôle pour révolutionner en douceur les habitudes en matière d'hygiène au sein du studio, rendant certaines procédures plus systématiques.

Nous sommes maintenant trois et, dans le petit studio de tatouage de trente-cinq mètres carrés, nous sommes à l'étroit, surtout en prévision de l'été suivant. Phil loue donc un magasin plus grand, en face de l'autre, et nous déménageons dans la foulée.

C'est un bâtiment plus vaste, avec deux étages et un grenier au-dessus du rez-de-chaussée. Au rez-de-chaussée, il y aura l'accueil, avec un comptoir, et le poste à tatouer de Phil ; au premier, deux postes pour Carlito et moi-même, et au second, une pièce dédiée au piercing, lequel sera assuré par Olivier, un quatrième larron qui se joint donc à nous.

Le déménagement est épique : en effet, si nous n'avons que la rue à traverser, il faut aménager à partir de rien un grand espace professionnel, et Phil, attaché à son train de vie, n'entend pas perdre trop de fric. Aussi, au gré de l'avancement des travaux, plusieurs postes à tatouer, parfois un peu rustiques, sur lesquels j'officierai, seront aménagés dans le bâtiment. C'est du pur folklore : il arrive malgré tout des clients, courageux et/ou inconscients, qui franchissent des tas de gravats et de bidules divers, bravent la poussière et la crasse, pour se faire illustrer la peau entre deux coups de pinceau et le montage d'un meuble de salle de bain en kit. À ce rythme, les travaux avancent vite, et nous sommes installés dans nos nouveaux meubles en moins de quinze jours.

C'est aussi le moment où, grâce à l'amitié et au sens de la confraternité professionnelle de Bruno Kea (tu t'en rappelles de ce gars ? Mais oui, c'est ça, c'est le tatoueur blindé de talent qui avait aménagé sur Bruxelles au temps de mes débuts dans ce turbin. Là, il est allé bosser un moment à New York, il ira ensuite bosser sur Paris. Il avait une sacrée bougeotte, entre nous !), Phil et moi faisons un aller-retour sur New York, où Bruno nous met en contact avec un fabricant d'encres à tatouer de très haute qualité. Grâce à Bruno, nous serons donc l'un des premiers studios en Belgique à utiliser des encres prédispersées, plus faciles et rapides à poser, dont le rendu est plus brillant, et qui sont en usage de nos jours chez tous les tatoueurs sérieux.

Cette année-là est aussi celle du chant du cygne de Rocky, ancien rival et néanmoins ami de Jeff. Cette vieille gloire du tatouage bruxellois y tente son dernier coup d'archet. De fait, le Rocky, dépassé par les nouveaux studios de tatouage et les artistes émergents au comportement de jeunes loups aux dents longues, s'était fait un peu oublier. Il revint un beau jour, ayant l'infernal culot de louer notre ancien magasin, situé juste en face de l'actuel. L'intention était claire : profiter sans vergogne de notre notoriété naissante et de notre succès (réel) pour faire, sinon du fric, du moins en grappiller une partie. Son objectif s'apparentait à celui du chacal ! Il s'installa donc dans nos anciens murs et attendit, l'air narquois, sur le pas de sa porte, le client. Éternellement vêtu d'une blouse blanche de laboratoire, les cheveux en bataille et la clope au bec, il semblait nous narguer ! Son inaction, les premiers temps, déclenchait nos rires, à Carlo et à moi, car nous sommes toujours prompts à railler le sot, et nos rires s'entendaient de loin.

Il n'en fallut pas plus pour que Rocky, ulcéré, aille trouver notre vénéré taulier et le menace d'une bonne dérouillée si nos peu discrets ricanements ne cessaient pas dans les délais les plus brefs. Phil, toujours un peu couillon dès que plane la perspective d'une menace physique, nous en toucha un mot, l'air un tantinet gêné. Seulement, moi, j'étais ulcéré. Quoi, ce sale type venait nous manger des petits pâtés sur la tête et il aurait fallu que je baisse mon froc ? Jamais ! Je mis alors au point une petite ruse, destinée à pourrir la vie de l'immonde fripouille et à le frapper au moral. Rien de pire que de ne rien faire alors que la concurrence méprisable croule sous le turbin. Il fallait attaquer pendant que l'ennemi était encore faible.

Quand je tatouais, le bruit de la machine s'entendait de loin. Lorsque je ne tatouais pas, je branchais un « tattoo-gun » (comme disent les Anglo-Saxons, peuple qui, par un hasard bienvenu, a inventé le poker, et donc le bluff), posais un pied de chaise sur la pédale qui fait office de contacteur et me plongeais dans la lecture, édifiante bien entendu, des aventures de Lucky Luke. Je répétais l'opération à intervalles réguliers, donnant ainsi l'impression auditive d'un labeur acharné, alors que notre voisin d'en face ne croulait pas sous le boulot. Cette modeste, mais perfide ruse ne tarda pas à porter ses fruits, et quelques mois plus tard, Rocky déménagea à pas de loups, sans doute nuitamment et à l'insu de tous (surtout de sa propriétaire et de ses clients), laissant factures et loyers impayés. La propriétaire du bâtiment, madame K., dont la pingrerie était et est toujours légendaire (sa spécialité, aujourd'hui encore, est d'entrer dans un commerce et de demander à se servir du téléphone, cela dans le but mesquin de s'épargner les frais d'une communication avec son appareil portable), qui n'avait été que trop heureuse de nous jouer un tour de cochon (nous avions eu le culot de ne pas renouveler notre bail), n'hésita pas à venir s'en plaindre à moi. Inutile de préciser que je l'envoyai se faire f… à l'aide, en prime, de quelques expressions bien senties. Vieille garce !

À nouveau studio, nouveau nom, et Phil, patron de l'entreprise, marqué par son séjour australien (et probablement influencé par sa femme, qui, au gré des circonstances et sans que rien ne soit vraiment clair dans ses propos, se déclare australienne, allemande ou hollandaise ; elle est du reste parfaitement quadrilingue, ce qui lui suffit sans doute comme justification), impose le nom de « Down Under tattoo ». Quoique parlant un anglais approximatif, Phil (c'est un francophone pur jus, pur sucre, pure souche, qui ne parle que le français et uniquement avec l'accent d'entre Béziers, Tours et Montbéliard) entend d'ailleurs que ce nom soit prononcé avec l'accent de rigueur, ce qui, dans sa bouche, donne quelque chose comme *« dane hainedeure tatou »*. Carlito et moi partons dans des fous rires épiques à l'énoncé de la chose, c'est-à-dire chaque fois que Phil décroche le téléphone.

Peut-être est-ce dû à ces rires, ou à la nouvelle configuration du studio, ou à une autre cause, mais l'ambiance, bien qu'excellente au sein de l'équipe, évolue, et Phil se trouve, par la force des choses, un peu isolé dans son rôle de patron.Le fait qu'il prenne ce rôle de patron très (et même trop) au sérieux participe d'autant plus à son isolement.

En effet, Olivier perce au second, et Phil est seul au rez-de-chaussée. Au premier, c'est la grosse ambiance : Carlito et moi formons un duo où chacun trouve son compte, moi progressant en dessin, lui dans l'usage de la machine à tatouer. À intervalles réguliers, nous sommes au comble de la joie, nous tapant sur les cuisses dans de bruyants éclats de rire, grâce aux talents de Phil pour les phrases cultes et à ses lubies qui se multiplient. Ne déclare-t-il pas fort sérieusement un jour à une cliente que « d'après sa longue expérience personnelle, souvent, les femmes sont plus féminines que les hommes » ?

D'autres exemples ? Un jour, un client entre pour faire retoucher un tatouage sur son bras. Notre bien-aimé patron lui demande fort sérieusement s'il l'a pris avec lui. Mieux encore : un autre mois, Phil, toujours soucieux de se rapprocher d'une clientèle jeune, se prend de passion pour la musique techno. Illico, il règle à demeure la radio sur une station spécialisée dans ce style musical et déclare à qui veut l'entendre que désormais, chez Down Under Tattoo (revoir la prononciation ci-dessus), ça « pulse le groove de la house », ce qui, bien entendu, se prononce « Pulseuh le grouveuh de la housseuh ». Toujours dans cette optique, il change sa garde-robe pour des vêtements correspondants : imagine donc cet homme de quarante-cinq balais, plutôt dodu et velu comme un ours, vêtu d'un pantalon « baggy » soutenu par de larges bretelles rouges (jamais en retard sur la technologie, il accroche à hauteur d'épaule, sur lesdites bretelles, l'étui de cuir d'un des premiers téléphones portables, comme Eliott Ness son colt 45 automatique dans *Les Incorruptibles*) et d'un t-shirt orange orné d'un soleil en plastique marron brillant. Il se fait couper les cheveux dans un style évoquant puissamment la coupe à la garçonne des femmes des années vingt, la coupe « petit page » dans une série B sur le Moyen-Âge ou la touffe de poil d'un gnou (ce qui le fera surnommer « cul de gnou » par deux employés hilares de son studio).

Ce look improbable est complété par l'acquisition d'une montre monumentale et fort complexe, avec des aiguilles dans tous les sens et de nombreux petits cadrans annexes, maintenue par un large bracelet orange (pour aller avec le t-shirt). Sa montre est si complexe, du reste, qu'à Carlito qui lui demande l'heure, le drôle répondit, imperturbable, qu'il était « cinq heures soixante » !

Bref, entre les éclats de rire qui résonnent au premier et le fait que, tant artistiquement que techniquement, les élèves rattrapent le maitre (en effet, l'horaire du patron, qui ne rend donc de compte à personne, se réduisant sous la pression urgente de ses loisirs, nous nous chargeons d'une grande partie de la clientèle), Phil est de plus en plus isolé au sein de l'équipe. Il est possible, voire probable, que ce phénomène soit amplifié par le fait que Phil use et abuse de l'herbe : il consacre ses débuts de soirée à se rouler des joints épais comme mes bras (je n'ai rien, soyons clairs, contre les fumeurs d'herbe, mais il est des êtres qui ne doivent pas dépasser la dose).

Cet isolement, Phil va tenter de le briser en ajoutant à la gamme des services rendus par la maison le maquillage permanent, dont la responsable sera sa propre femme, à laquelle il va offrir, à grands frais, une formation en la matière. Il peut financièrement se le permettre, gagnant, grâce à nous, des sommes confortables. De fait, Carlo et moi réalisons les trois quarts du chiffre d'affaires (sympathique), Phil ne travaillant plus – privilège du taulier – qu'à un rythme plutôt réduit (je sais, je l'ai dit, déjà, mais là, je souligne encore cette réalité, elle le mérite).

L'intégration de ce nouveau membre féminin ne se passe pas sans heurt, et pour tout dire, ne se réalisera jamais vraiment. La donzelle, qui n'est pas douée d'un sens des relations humaines aussi fin qu'on pourrait l'espérer, a un peu du mal à saisir la différence, pourtant réelle, entre « patronne » et « femme du patron ».

Cela nous vaut des situations parfois tendues, et parfois comiques, mais le fossé se creuse, irrémédiablement. Ainsi, par exemple, elle pénètre un jour dans mon espace de travail :

— Jean-Michel, j'ai besoin d'une gomme, passe-moi la tienne.

— Heu, ça va pas être possible, là…

— Ne discute pas, passe-moi ta gomme, je vois bien que tu n'es pas en train de dessiner, et moi, j'en ai besoin.

— Mais…

À ces mots, elle entre dans une colère terrible, elle trépigne, exige, frappe la table de ses petits poings nerveux, fait un foin de tous les diables, jusqu'à ce que le grand chef, un peu ennuyé et ameuté par les cris de sa douce moitié, arrive et tente de ramener la paix. Il est entre deux feux : d'un côté, sa chère et tendre, de l'autre, son employé, un gars (moi) qui assure à lui seul 60 % du chiffre d'affaires. Sa diplomatie va être mise à rude épreuve pour une histoire de prêt de gomme, somme toute guère plus importante qu'une dispute de mômes à l'école primaire.

— Y a Jean-Mi, ben y veut pas me prêter sa gomme !

— Allons, Jean-Mi, prête-lui cette foutue gomme, t'as quel âge, merde !

— Ben ce n'est pas ça, Phil, si elle m'avait laissé terminer ma phrase, elle saurait que je ne peux pas lui prêter de gomme, je dessine au feutre, et je n'en ai pas !

Naturellement, c'est un prétexte de plus, avec l'ami Carlito, pour rire sous cape !

Mais l'ambiance se dégrade, au fil des semaines. Sentant l'autorité patronale de son homme bafouée, cette grande blondasse va influencer subtilement Phil afin qu'il la rétablisse, et cette grande andouille va se laisser faire : il est le chef, et il faut que ça se sache !

Ce brave type va, progressivement, devenir imbuvable, multipliant les remarques, les petites vexations inutiles. « Carlito, la cliente veut un travail léger, mais avec de la pêche ! », « Jean-Michel, n'oublie pas de sortir les poubelles » : ces petites phrases, prononcées sur un ton impérial de commandement, nous tapent sur les nerfs ! Son ton me rappelle un adjudant moustachu que je ne pouvais pas sentir, à l'armée, un petit teigneux avec une moustache rousse et un béret vert.

La fin de l'année approche, et Phil organise chez lui une réunion d'équipe, autour d'un plateau de fromages, dans le but avoué de nous faire part de ses décisions pour l'année à venir. D'emblée, il attaque par une redéfinition des pourcentages de chacun. Fondamentalement, il n'y a pas à discuter, le taulier, c'est lui. Seulement, j'obtiens deux amendements à sa nouvelle répartition. D'abord, je suis, mis à part lui, le plus ancien dans la boite : hors de question que je continue à me taper la corvée quotidienne et matinale de la mise en place des trois postes à tatouer. Il me semble que nous sommes tous majeurs et vaccinés, du coup, chacun peut s'occuper de son propre bordel, pas vrai ? C'est logique, et Phil convient de la chose, toutefois lui-même, en tant que patron, a droit à un traitement particulier, et son poste sera donc chaque jour mis en place par Olivier le perceur.

Ensuite, les grosses pièces, facturées à l'heure au client, feront l'objet d'une comptabilité à part. En effet, comme Carlo n'est pas encore suffisamment expérimenté pour tatouer des trucs ambitieux et comme Phil, lui, preste bien peu, c'est un peu chez moi que toutes les grandes pièces arrivent, et elles sont nettement moins rémunératrices, parce qu'une petite pièce est facturée au forfait, elle rapporte, en proportion du temps qu'on y consacre, plus d'argent. Par exemple, en une heure, je peux réaliser trois petits tatouages à soixante euros ou un seul, mais plus conséquent, à cent euros. Accordé également, car ce sont les grands tatouages qui concourent à la réputation d'un bon studio.

Dès les premières semaines, les effets de la nouvelle politique patronale du grand chef se font sentir.

Un matin, Olivier oublie de remplir le stérilisateur à ultra-sons de Phil avec la solution désinfectante nécessaire. Phil, impérial et usant de son privilège de taulier, arrive vers quatorze heures, fait un tatouage, veut stériliser un ustensile, branche l'appareil et s'en va, sans plus se soucier de rien. L'appareil en question n'étant pas rempli du liquide de stérilisation, il n'est pas refroidi, et une odeur de brûlé, persistante, se répand dans nos locaux. L'appareil (fort coûteux) est définitivement hors service, foutu, détruit, brûlé, bon pour la poubelle. La facture, bien sûr, est remise à Olivier, lui qui n'est en charge que du piercing, qui gagne bien moins que le taulier, qui ne remplissait cette charge que pour rendre service. Carlo et moi échangeons un long regard, plaignant le brave mec qui va payer un appareil qui coûte deux mois de son salaire, simplement par dévouement. Silencieusement, nous nous sommes compris !

Le deuxième fait est plus parlant encore : au moment des comptes de fin de mois, Phil, reniant sa parole quant à la clef de répartition des pourcentages, me gruge ouvertement de deux mille francs, au prétexte que, oui, même si j'ai bossé plus et fait plus de grosses pièces, pour l'une des semaines mon pourcentage me ferait gagner autant que lui, ce qu'il ne peut admettre.

Je ferme ma gueule, mais n'en pense pas moins : Carlito, lui, dont le pourcentage est inférieur au mien (Phil attache une grande importance à l'ancienneté), devient tout blanc : à ce compte-là, il va se faire plumer ! Si le chef renie sa parole dès le premier mois, de quoi donc serait-il capable à l'avenir ?

Le soir même, c'est un véritable conseil de guerre qui nous réunit, lui et moi, dans un petit resto proche ! Tous les deux, nous sommes ulcérés, mais aussi inquiets ; Phil, et nous lui en sommes reconnaissants, nous a mis le pied à l'étrier et appris un boulot, c'est certain, mais il a la belle vie avec nous. Ne vient-il pas de changer deux fois de moto en deux ans, de déménager dans un appartement de prestige ? Jusqu'à présent, il appliquait un principe très sain de gestion : les gars bossent dur et honnêtement, je les paie donc honnêtement. Et ne voilà-t-il pas que pour gagner trois sous de plus, il revient sur la parole qu'il a donnée ?

La leçon infligée au vieux Gaby ne lui a rien appris. L'obsession du fric, ça vous pourrit un mec, ma parole ! La reconnaissance que nous lui portons a des limites : pas question de se laisser tondre la laine sur le dos et d'engraisser le gaillard *ad vitam aeternam* !

Notre décision est vite prise : nous nous donnons un an pour, soit nous barrer et ouvrir ensemble notre propre studio, soit devenir les patrons de celui dans lequel nous sommes. Un plan d'action est donc arrêté le soir même : nous allons lui pourrir la vie, mais à la sournoise, sans en avoir l'air ; en apparence, nous serons irréprochables !

Perfidement, tels de chacals, en ayant toujours l'air d'être de la plus parfaite bonne foi, nous allons lui rendre la vie intenable, lui faucher ses clientes (il aimait beaucoup, trop d'ailleurs, tatouer des jolies filles, prenant dans bien des cas des libertés, de ces libertés que certaines naïves accordent facilement à un homme nanti d'un beau bagout. Tu suis là, ou je fais un petit dessin ?) : nous allions purement et simplement lui casser le moral !

Ça commença dès le lendemain, par l'opération signature des croquis. En effet, au mur du rez-de-chaussée, il y avait un grand panneau de liège, sur lequel nous affichions nos dessins, Carlo et moi, afin de les proposer à la vente. Phil, qui ne dessinait pratiquement jamais, aimait à s'attribuer devant une jolie candidate au tatouage la paternité du croquis qui plaisait à la belle. Se contenter, chaque matin, de signer nos œuvres était déjà un coup bas, et ce sous des airs parfaitement innocents, car la démarche était tout à fait légitime.

Il ne s'en aperçut pas immédiatement, mais le résultat fut rapide : s'étant abusivement attribué la paternité d'un petit dragon japonais dont j'étais l'auteur, il se couvrit de ridicule devant une cliente.

— Quoi, les gars, vous signez les projets à présent ?

— Ben oui, vieux, avec les nouveaux pourcentages, il est normal que celui qui crée en tire bénéfice, n'est-ce pas ?

— Heu, oui, bien sûr…

La fois suivante, ce fut un autre coup bas, en dessous de la ceinture : une gracieuse dame s'était déclarée fort intéressée par un joli petit lézard noir à tatouer sur son bas-ventre. Phil lui avait filé – le fourbe – un rendez-vous pour l'exécution, le soir même à dix-neuf heures, soit après la fermeture du studio ! L'auteur du dessin était Carlito, qui, subrepticement, ôta le dessin du petit lézard du panneau d'affichage, sachant pertinemment que Phil serait incapable de le reproduire à l'identique. Puis il rentra chez lui, mine de rien, attendant des nouvelles en ricanant dans sa barbe.

Le téléphone sonna (la conversation ici rapportée par Carlo est authentique, jusque dans les menaces, il me l'a garanti).

— Allo ?

— Oui, c'est Phil ici, où est le lézard que tu avais dessiné et qui était sur le panneau ?

— Bah, je le trouvais pas top, alors je l'ai repris chez moi pour le redessiner complètement.

— Quoi, t'es un salaud, je vais te tuer ! (sic)

— Qu'est-ce que j'ai fait ? S'il fallait le tatouer, tu aurais dû me le dire, je l'aurais fait.

— Demain, je vais te casser la gueule !

— Écoute, là je prends un bain de pieds, fous-moi la paix et à demain, OK ?

— Salaud, salaud, je vais te tuer ! (re-sic)

Évidemment, le lendemain, Carlito arriva sourire aux lèvres, mais Phil ne parut pas. Il ne revint bosser que la semaine suivante et ne fit jamais allusion à l'incident, mais nous sentions que sa colère était grande, aussi grande que peut l'être l'humiliation d'un orgueilleux face à une jolie femme !

Phil, en présence d'une demoiselle, entrait presque en transe à l'idée de la tatouer, espérant bien se rincer l'œil par la même occasion. Entre nous, je veux dire Carlo et moi, nous disions qu'il frétillait tel le gardon. Nous nous amusions follement à « contre-frétiller », autrement dit à lui casser son coup, avec un air parfaitement candide, et dans un but tout à fait professionnel, cela va sans dire !

Imagine, lecteur chafouin, la scène suivante, qui se passe au comptoir d'un studio de tatouage. Une dame entre et demande à se faire tatouer (par exemple) une vague japonaise sur le bas du dos. Phil, au taquet, fouille dans un catalogue, trouve un modèle.

— Un truc dans ce genre-là ?

— Non, heu, pas exactement, mais…

Fouille rapide.

— Ça alors ?

— Non plus.

À partir de ce moment, l'un des sbires (Carlito ou moi) gribouille rapidement un truc sur un bout de papier et le montre à la cliente.

— Ce genre-là ?

— Ouiiiiii, exactement !

Phil tente de se rattraper, fouille fébrilement les catalogues dans le vain espoir de raccrocher son wagon, mais trop tard, et la cliente monte au premier étage !

Semblable scène se déroulait plusieurs fois par semaine, et Phil ne pouvait rien dire : après tout, il gagnait des sous à chaque fois et ne pouvait pas, en toute objectivité, nous reprocher de dessiner, vu les lieux où nous étions, pas vrai ?

Parallèlement, la femme de Phil, devant le manque de succès du secteur « maquillage permanent », réduit bien vite ses horaires, d'autant plus que nous ne nous privions pas de railler ses efforts pour jouer à la patronne : nous étions trop indépendants pour tolérer ce genre d'attitude prétentieuse bien longtemps. Bref, la vie de Madame devenait difficile au sein de l'équipe, et, partant de là, celle de son mec tournait au cauchemar !

Dernier avatar de la belle, une opération de chirurgie esthétique visant à réduire le volume de ses cuisses (ce qui suit n'est, certes, pas très galant, mais bon, si un mec sombre dans le grotesque, personne ne se prive d'une bonne tranche de rigolade, pas vrai ? Alors, pourquoi est-ce qu'une nana devrait avoir le privilège d'y échapper ?)

Elle avait, il est vrai, un corps plutôt joli, à l'exception d'une forte paire de cuisses, qui n'aurait pas fait rougir une serveuse de brasserie bavaroise. Plutôt que de tenter d'y remédier par le sport et le régime, elle passa directement à l'opération « liposuccions et bas de contention ». Ce (coûteux) cap passé, la belle fut vraiment persuadée d'en être devenue une (de belle, si tu suis bien) et se permit l'achat de pantalons blancs en lin translucide, sans tenir compte du fait que le gras ainsi perdu revient presque aussi vite, et c'est exactement ce qu'il advint. Inutile de m'étendre, j'imagine, sur nos peu discrets et peu charitables ricanements !

Six mois après la mise en œuvre de son nouveau plan de répartition des pourcentages, Phil jeta l'éponge, revendit le studio à Carlo et moi. Il en ouvrit un nouveau à Montpellier, avec Olivier comme associé, mais, ne tenant aucun compte des erreurs psychologiques commises à Bruxelles, il les réitéra avec Olivier, qui vira Phil de son propre studio moins de deux ans après l'ouverture. Certaines personnes n'apprennent jamais de leurs erreurs.

Quels sont les facteurs qui ont transformé ce brave mec ouvert et sympathique, en patron arrogant et imbuvable ? L'influence d'une femme ? L'abus de l'herbe trop souvent roulée en cône ? Trop de fric gagné trop facilement influe-t-il le comportement d'une personne peu douée pour les raisonnements complexes ?

Patrons

Enfin, nous sommes nos propres patrons, ce qui est une façon de parler, car nous fonctionnons, à cette époque du moins, plutôt comme une équipe qu'avec un système hiérarchique, tous tendant vers un but commun : gérer un studio de tatouage de façon propre et professionnelle.

Notre premier souci est de transformer le studio : *exit* le poste de travail de Phil, dont nous faisons une salle d'attente confortable, avec des fauteuils. *Exit* aussi les dessins de notre ancien patron : il avait créé une série d'horreurs noires et informes, baptisées du nom de « spaggouzes », en référence à la ressemblance de la chose avec un plat de tagliatelles à l'encre de seiche.

Exit, enfin, le nom de « Down Under tattoo ». Ce nom ne nous a jamais plu : trop difficile à retenir et à prononcer par les clients, qui ne voient, du reste, pas vraiment le rapport entre le tatouage et l'Australie ; bref, ça ne parle à personne, surtout pas à nous. Et puis, il faut imaginer le moment de répondre au téléphone : « Down Under Tattoo, bonjour ! » Grotesque ! De plus, il faut bien marquer le coup, matérialiser le changement de direction !

« Blues Tattoo » nous convient mieux : c'est facile à retenir, ça sonne pas mal, c'est une couleur qui évoque le tatouage, et nous sommes amateurs de cette musique. Nous avons aussi retenu une leçon du vieux Gaby : toujours choisir un nom qui commence par une des premières lettres de l'alphabet, en vertu du principe selon lequel il faut « guider » le client lorsqu'il ouvre un bottin de téléphone (Internet n'existait pas encore). Pour appeler un plombier le dimanche après-midi, le client en détresse fait plus facilement appel à Albert-plomberie qu'à Zébulon-plomberie. Logique ! Gaby avait d'ailleurs baptisé ses studios parisiens selon ce principe : American tattoo, Academic Tattoo, et même un AAA tattoo. Nous appliquons cette recette, et ça fonctionne !

Il y a des jours…

Pierre, un vieux copain, se charge du piercing, aidé en cela par deux expériences : d'une part, il a effectué son service militaire dans une unité médicale, et l'hygiène n'a pas de secret pour lui. D'autre part, c'est un bricoleur-né, ce qui fait de lui le seul perceur de Bruxelles capable d'ajuster un bijou à la taille exacte de la morphologie du client.

Hors de la saison de « rush », où nous faisons appel à des vendeuses, Pierre se charge aussi de l'accueil, ce qui, au fil des années, le rendra d'un abord de plus en plus rugueux, puis aura raison de lui. Il quittera l'équipe, épuisé, en 2009.

Il faut reconnaitre qu'être à l'accueil durant de longues heures n'est pas de tout repos, surtout à cette époque où tous les clients demandaient à voir des catalogues (période heureusement révolue de nos jours !) Car, si je précise que 90 % de nos clients sont des gens très chouettes, avec qui c'est un vrai plaisir de travailler, il y a aussi les autres, pas vraiment des emmerdeurs, mais un peu usants, des gens qui donnent à la Guinness de fin de journée une saveur particulière.

Il y a d'abord les touristes. Contrairement à ce que semble penser mon contrôleur fiscal, rares sont les touristes qui se font tatouer, malgré le quartier proche de la Grand-Place, car la langue est une barrière, même si nous sommes capables d'accueillir les gens en français, néerlandais, anglais et italien.

Parmi les touristes, il faut distinguer :

— le Suisse, charmé par la Belgique, sa bière et la gentillesse des gens. Comme le tatouage est hors de prix dans son pays d'origine, il vient volontiers se faire tatouer chez nous. J'ai, du reste, de fidèles clients helvètes, qui trouvent plus avantageux de venir passer un week-end à Bruxelles, voyage et hôtel compris, que de se faire piquer en Suisse.

— le Français, ravi en arrivant en Belgique : la bière belge est un luxe en France et vendue comme tel. Du coup, il est fort déçu de constater que les tatouages sont, eux, au même prix que chez lui.

— l'Anglais : en dehors des matchs de football, le Britton est fidèle à sa réputation de gentleman. Toutefois, en Grande-Bretagne, le tatouage est aussi populaire que démocratique : les prix continentaux le font fuir.

— l'Américain, qui considère que se faire accueillir dans sa langue natale est un droit inaliénable que possède tout Yankee partout dans le monde, ce qui le rend parfois un peu agaçant. Il faut même parfois lui expliquer que le dollar US n'est pas la monnaie d'échange universelle. Une fois ces mises au point faites, il se révèle un client charmant !

— le Hollandais : la réputation de radinerie de nos Bataves voisins du nord n'est, hélas, pas surfaite. Ils s'en vont en général furieux si l'on refuse de négocier les prix !

— l'Espagnol qui, lui, a appris dès son plus jeune âge que sa langue est la deuxième langue la plus parlée au monde : il est donc capable de se fâcher tout rouge si l'on ne parle pas espagnol.

— l'Italien : si vous ne parlez pas italien, ce n'est pas grave, il recommencera ses explications une deuxième, puis une troisième fois, en parlant chaque fois plus fort. Si d'aventure il est bilingue et parle le français, il exigera alors d'être traité comme le grand seigneur qu'il croit être et se révèlera alors moins sympathique qu'au premier abord (mais il y a, comme partout, des exceptions).

— le Russe, intimement persuadé que savoir prononcer « My taiiiillorrrr is richhhhhh » en anglais fait de lui un parfait polyglotte ; notre ami russe est en réalité parfaitement incompréhensible. Il est du coup capable de piquer de grosse colère face à l'ignorance supposée dont on peut faire preuve à son contact.

— l'Africain a parfaitement intégré le principe selon lequel « Les blancs ont tous une montre, nous, en Afrique, nous avons le temps », proverbe qu'il récite dans un sourire éclatant qui le rend sympathique. Il ne faut donc pas trop espérer le voir arriver à l'heure à un rendez-vous. Les Africaines sont très expressives quand elles ont mal et crient à perdre haleine, histoire de le faire savoir à un maximum de gens. Culturellement, elles exigent d'être traitées comme des princesses, ce qui est parfois drôle et souvent un peu lassant. Une anecdote à ce sujet : un jour, une jeune beauté arrive à un rendez-vous avec moi avec pas moins de vingt-cinq heures de retard. Persuadée d'être dans son bon droit, elle pousse de hauts cris lorsque je lui signifie mon refus.

— Désolé, ton rendez-vous, c'était hier, lundi, à quatorze heures, nous sommes mardi, il est quinze heures, et je n'ai pas de temps pour toi !

— Mais c'est un scandale, je veux mon tatouage !

— Pas possible, tu devras revenir un autre jour !

— Mais c'est affreux, je suis dans la merde, moi, si je n'ai pas mon tatouage aujourd'hui !

— Bon, alors, premièrement, je m'en tape complètement (je commence ici à perdre patience), deuxièmement, personne n'est jamais mort de ne pas avoir de tatouage : tu as vécu jusqu'ici en parfaite santé sans en avoir ! Des milliers de gens n'ont aucun tatouage et parviennent à vivre de longues années.

— C'est mon droit d'être tatouée !

— Oui, sans doute, mais ce ne sera pas aujourd'hui, et pour tout dire, pas par moi, parce que tu commences à me taper sérieusement sur les nerfs !

— C'est mon droit, je vais appeler la police !

— Je t'en prie, fais donc !

— Je n'ai pas le numéro, vous devez l'appeler pour moi !

— …

Bien évidemment, chaque pays, chaque langue possède son lot de pénibles, et les Belges ne le sont pas moins que les autres. Parmi les casse-pieds indigènes, relevons :

Le jaloux : indigné à la simple idée qu'un autre homme que lui aperçoive (et, horreur, touche) un seul centimètre carré de la peau de la femme qu'il considère comme sa propriété personnelle, le jaloux exige de pouvoir surveiller l'opération de très près. Il ne faut surtout pas le laisser faire, il se montrerait odieux et tatillon, nuisant à la bonne réalisation de l'œuvre choisie. Il peut se montrer teigneux et même agressif. J'ai d'ailleurs un jour rendu un considérable service à une dame que son homme voulait faire marquer d'un bracelet de dauphins. Je fus intraitable : elle devait monter se faire tatouer seule. L'homme vitupéra de belle façon, menaçant, criant… Bref, une fois dans le poste à tatouer, la dame m'avoua ne pas vouloir de ce bracelet, mais d'un dragon vert sur le bras. Je lui indiquai alors que je ne ferais aucun tatouage dont elle ne voudrait pas. Ils ont rompu peu après, et c'est depuis une fidèle cliente. Ça a l'air paradoxal, mais la pratique démontre que, souvent, moins la dame est avenante, plus l'homme est jaloux, constat que connaissent bien les affreux qui ricanent méchamment dans le dos des gens : « Hé, on ne va pas te la piquer, ta laideronne ! »

La « pintade » : Vanessa a vingt ans et veut se faire tatouer. L'événement est considérable, et plutôt que de venir avec sa meilleure amie, elle convoque au jour dit six ou sept copines : c'est une occasion sociale importante. Voilà donc Cindy, Mélissa, Laura, Caroline, Sandra et Anne-Marie qui accompagnent Vaness'. Pour commencer, catastrophe, pas question de laisser tout ce (fort) joli monde assister à l'opération : une copine, à la rigueur, et à condition qu'elle soit sage, mais pas six ! Donc, Cindy et Mélissa resteront dehors, pour fumer une cigarette, Laura montera avec Vanessa, tandis que Sandra, Caro et Anne-Marie resteront au comptoir où elles veulent voir des modèles. Dans dix minutes, chaise musicale, on échange les rôles. Le résultat est un boucan d'enfer, ça piaille, rit aux éclats et martèle allègrement les escaliers à grands coups de hauts talons.

Le clubbeur : ce mondain est d'un snobisme effarant ! Quand il sort dans la boite de nuit du moment, il fait des bises à la ronde, serre la main du barman et rit un peu trop fort, trop content de montrer de la sorte à ses semblables combien il est branché. Chez le tatoueur, c'est pareil, il tient à faire remarquer à sa copine « qu'il connait et s'y connait ». Il se conduit donc comme chez lui, ce qui est souvent un peu pénible !

L'ami de la maison : fort proche du précédent par le comportement, l'ami de la maison, après son deuxième tatouage, se comporte donc en véritable connaisseur, se sert dans les dessins, donnant son avis avec l'assurance sans faille des ignorants et n'est jamais avare de conseils que personne, pourtant, ne lui demande. Signes particuliers : il ne demande jamais la permission de se rendre aux toilettes et possède une inépuisable capacité à parler de son prochain tatouage, pour lequel il économise (comptant, bien évidemment, sur une réduction de prix, c'est bien normal, le tatoueur étant son pote), il en parle des heures à qui lui prête une oreille attentive.

Monsieur «je-sais-tout»: au fond, lui, ce serait plutôt un brave type, qui veut rendre service à son entourage. Après s'être fait tatouer un petit tribal dans le dos il y a dix ans, il s'est autoproclamé expert en la matière. Il n'envisage donc pas, et ce serait un véritable affront, qu'une personne de son entourage (entourage élargi, s'entend, c'est-à-dire beaucoup plus de gens que seulement sa famille et ses amis proches) puisse aller se faire tatouer sans bénéficier de ses conseils éclairés.

Il possède d'ailleurs, chez lui, trois ou quatre vieux numéros de *Tatouage Magazine* dans lesquels il a été pêcher quelques termes professionnels – ou pseudo-professionnels – qu'il utilise à tout bout de champ, sans réellement les comprendre et souvent à contresens, et qui lui servent de légitimation. Ainsi, il parle de tribal, mot qu'il prononce à l'anglaise «Trahibeul» (pour faire bien), pour tout ce qui est noir, ou d'«insigne» chinois pour tout ce qui est calligraphie asiatique (il n'aime pas qu'un sale type dans mon genre lui demande sournoisement où en est sa collection d'insignes des scouts chinois). Il n'hésite pas à tenter d'imposer ses vues en matière artistique dans le domaine où il croit faire autorité. Si l'un de ses proches veut un tatouage, il n'hésitera pas à faire la preuve de ses dons (très discutables) en dessin, en calquant un modèle dans un vieux numéro de *Mille idées tattoo* ou en copiant un truc trouvé sur le net. Naturellement, la preuve de sa grande compétence et de sa haute autorité se fera au studio, où il accompagne ses amis.

— Bonjour, mon amie veut un tatouage.

— Heu, oui, mais vous n'avez pas rendez-vous, je crois.

— Non, mais c'est un petit truc, hein, ça ne te prendra que dix minutes.

— Tu es tatoueur ?

— Non…

— Alors, sois gentil, le tatoueur, c'est moi, donc, si tu veux bien, c'est moi qui vais décider du temps que ça prendra.

— Heuuu oui, bien sûr.

Notons bien que si on le laisse faire, ce petit génie serait capable de faire lui-même le prix aussi (ça s'est déjà vu), donnant sans hésiter la somme qu'il a lui-même payée dix ans auparavant et ne tenant aucun compte du fait que le prix de la vie, et le coût des choses donc, ont quelque peu évolué dans l'intervalle.

Sûr de sa compétence et de la justesse de ses opinions, ce gars propage en fait toutes les idées fausses et les légendes urbaines, il affirme donc, sans hésiter, que les tatouages en couleur finissent par passer, que le tribal, c'est indémodable, que se faire tatouer la cheville, ça fait super mal, que le tatouage qui dure cinq ans (étrangement, il appelle ça un tatouage permanent) ça existe, la preuve, sa cousine Béatrice en a fait un en vacances à Playa del Mayor l'an passé. Il dira aussi que le tatouage sur les mains, c'est interdit par la loi, qu'il est interdit aux militaires de se faire tatouer, sauf dans la Marine et au sein de la Légion étrangère, qu'on peut se faire tatouer à partir de quatorze ans avec une autorisation parentale, etc.

« Tatooboy 42 » : lui, c'est un geek, et c'est aussi et surtout l'équivalent informatique du précédent. Sur Facebook, il est fan de toutes les pages où l'on parle de tatouage, particulièrement de celles où il y a des jolies filles dénudées. Dans son profil, il y a du reste un album photo où il stocke des dizaines de photos de tatouage qu'il a en projet, ainsi qu'un panneau avec une photo de yakusa portant la légende suivante : « Jamais une personne tatouée ne vous reprochera de ne pas l'être », lieu commun dont il a fait sa devise.

Mais le lieu de prédilection sur Internet de ce célibataire endurci (hé oui, il n'a que ça à foutre de ses soirées), c'est un forum spécialisé. C'est là, sous couvert de son pseudonyme Tattooboy 42 (les chiffres, c'était son âge lorsqu'il s'est inscrit, sauf si c'est un Français, c'est alors le numéro de son département) et d'un avatar qui est une photo d'un tatouage intégral japonais, qu'il donne libre court à sa passion, fait part de ses opinions tranchées et abuse des émoticônes, surtout de celles qui lui permettent de traiter les autres de boulet. Apôtre du bon goût, il n'est jamais en retard d'un avis définitif inintelligible, surtout lorsqu'il s'agit de donner un avis artistique, genre « au fond, les grands maitres japonais, c'est très surfait », ce qui s'explique par une certitude profondément incrustée en lui : seul « son » tatoueur est bon, tous les autres ne valent, au fond, pas grand-chose.

Très bavard, quoique brouillé avec l'orthographe, il intervient dans toutes les discussions, parfois uniquement pour gratifier les autres d'un « LOL » bien senti, ce qui lui vaut d'être crédité d'un nombre particulièrement impressionnant de messages. C'est là l'une des raisons de sa nocivité, puisque les nouveaux membres qui ne le connaissent pas encore ont parfois tendance à le prendre pour l'expert qu'il n'est, en réalité, pas du tout. Son ambition secrète (à laquelle il accède parfois) est, à force d'endurance et de persévérance, d'être nommé au poste de modérateur sur le forum. Ce serait là une consécration, une reconnaissance sociale, un job auquel il consacrerait toute son énergie et une part, plus importante encore, de ses nombreux loisirs (même lorsque, dans un avenir pas si lointain, le forum en question, perdant l'intérêt de ses membres, périclitera), car, dans la place de modérateur qu'il ambitionne, il trouvera enfin un champ d'application à son autorité et à sa connaissance profonde du tatouage, dont il n'hésitera jamais à abuser !

Le pingre : c'est un rapiat de la plus belle eau, il a des oursins dans le portefeuille. Il a passé les deux heures précédant son entrée au studio à faire pas moins de quatre tatoueurs dans le but de comparer les prix avec, dans sa poche, un vilain morceau de papier où figure son projet esquissé au crayon. Très organisé, il a pris chez chacun une carte de visite sur laquelle est scrupuleusement notée l'offre de prix de chacun, offre qu'il a longuement négociée et qu'il tient pour ferme et définitive. Pour peu qu'un des confrères ait un peu de temps ou une journée stérile de tout client, il aurait, peut-être, fait un croquis plus beau et plus net que le projet initial de notre homme, croquis que ce dernier a obtenu de conserver, mais la légère augmentation de prix subséquente est un problème, un vrai ! Il finira sans doute par se faire tatouer par un « scatcher » (terme de métier désignant un tatoueur à domicile au talent approximatif, mais très compétitif, ce qui est normal puisqu'il travaille au noir), revenant au studio le mois suivant dans l'espoir de se faire retoucher l'horreur ainsi obtenue, si possible gratuitement ou à coût très réduit.

Le roi du monde : lui, c'est exactement le contraire, il a du fric et il tient à ce que ça se sache ! Son argent, dans son esprit, le place au-dessus des basses contingences du commun des mortels. Il entre donc dans le studio tel un conquérant. Il ne souhaite pas se faire tatouer, il veut se faire tatouer (nuance fine, mais essentielle), et s'il osait (parfois, il ose), il exigerait. Peu lui importe, du reste, qu'il n'ait pas rendez-vous, puisque, lui, il paie (comme si les autres clients ne payaient pas, ou pas vraiment, ou pas bien, ou pas assez !) Lui opposer un refus, même poli, est à la limite de l'outrage, puisque le client, lui en l'occurrence, est roi (décidément, cette expression est vraiment idiote !) Lui dire « non », c'est courir le risque, très acceptable en fait, d'un mini-scandale et de le voir partir en disant à voix particulièrement haute que « décidément, il n'est pas commerçant, ce gars, il pourrait au moins essayer de parler poliment ! » La solution, si et seulement si on a à la fois le temps et la patience de supporter ce pignouf, est de le tondre tel le mouton au printemps, de lui opérer une ponction majeure dans le portefeuille, ça lui fera les pieds.

Le pointilleux: il a tout prévu, dessiné son modèle, photocopié celui-ci à la taille désirée, découpé le dessin au plus près des traits et collé le tout à grand renfort de papier collant. À force d'essais devant le miroir de sa salle de bain, il est arrivé à un résultat qui lui plait. Le problème, c'est que le corps humain n'est pas constitué de cylindres et autres formes géométriques, et quant à laisser un minimum de créativité à l'artiste-tatoueur, pas question. Mais entre ses essayages et la réalité de la peau humaine, il y a de la marge. Bref, il chipote, contrôle, hésite. Impossible de tremper l'extrémité des aiguilles dans l'encre sans que le gars ne se tourne pour un contrôle dans la glace. Agaçant!

La famille: Jonathan, pour ses dix-huit ans, veut un tatouage, et c'est l'occasion, pour toute la famille, d'une virée à la capitale. C'est donc accompagné de son frère Jason, de sa copine Sharon, de ses parents, et du petit dernier dans son landau que la tribu débarque au studio. Bien sûr, Jonathan sera seul dans le poste à tatouer, toute la smala restant dans la salle d'attente, discutaillant, regardant les catalogues, donnant son avis, le tout sans couvrir les pleurs du jeune Brian qui a sali sa couche et que sa maman voudrait bien changer sur le comptoir.

Imagine le tableau: le *pater familias* porte moustaches carrées et une coupe mulet que, depuis la fin de la série *MacGyver*, il est le seul à porter, avec quelques footballeurs allemands et des *wind surfers* hollandais. Il arbore un t-shirt noir avec une tête de loup, une ceinture western à laquelle est accroché son briquet Zippo gravé de son signe du zodiaque dans un étui en cuir. Il est parfois en short. La mère de famille est vêtue d'un pantalon de survêtement gris à bandes roses et d'une surcharge pondérale permanente. Les ongles roses (aussi) et coiffée comme un caniche de concours, évidemment. Jason (le frère), quant à lui, porte la coupe « balai à chiotte » (un peu comme une crête punk, mais sans le rasage des côtés, la crête tenant grâce au gel capillaire dont il fait un usage intensif) et le survêtement de club de foot. Sharon (la copine), enceinte de deux mois malgré (ou à cause de) ses dix-neuf ans, est difficilement comprimée dans une jupe en jeans sur l'arrière de laquelle s'étale en lettres de strass l'inscription « My Precioussssss ». Elle vit greffée à son téléphone portable, lequel est protégé par une coque en caoutchouc rose avec des oreilles de lapin. Ambiance, ambiance, quand la famille est de sortie !

La modasse (mot-valise, contraction de pétasse et de mode) : ayant échoué en première année de coiffure, Emily vit en province. C'est une jolie fille, un peu fofolle, très soucieuse de son apparence et de ses cheveux (elle n'a pas commencé la coiffure par hasard). Jolie, elle l'est, c'est indéniable, mais un petit effort et quelques cours de diction ne seraient pas superflus si elle veut se débarrasser de son accent, disons, rustique : elle abuse parfois des expressions directement issues de son terroir, suivant sa province d'origine et ses habitudes en matière d'expressions pittoresques. Se faire tatouer est un vieux rêve, un tout petit truc (une étoile ou un autre machin mignon) sur la cheville. Ignorant la nécessité de la prise de rendez-vous, elle monte donc une expédition à la capitale avec sa meilleure amie, qui, un peu enrobée et dotée d'une paire de lunettes à monture épaisse, est aussi (mais un peu, hein) son « faire-valoir » auprès des mecs (ah les mecs, c'est entre elles une préoccupation majeure et un sujet de discussion sans fin).

Arrivant au studio peu avant la fermeture, Emily insiste pour se faire tatouer, cajole, supplie et avance qu'elle vient de loin, que si elle avait su elle aurait pris rendez-vous (si ça avait été le cas, elle serait, malgré toute sa bonne volonté, arrivée en retard, les transports en commun étant ce qu'ils sont). Elle finit par obtenir gain de cause auprès d'un tatoueur accroché à sa motivation financière (il ne faut tout de même pas s'imaginer qu'on est là uniquement pour l'art, il faut gagner sa croûte aussi !) C'est là que ça se gâte : l'étoile est un peu trop grande, ou trop petite, ou trop pointue, ou pas assez. Quand elle accepte enfin le modèle, c'est l'endroit qui pose problème :

— Je ne veux surtout pas être chiante, hein, mais est-ce qu'on peut le faire un centimètre plus bas ?

— Bien sûr (soupir), j'efface le calque et je recommence, ça ne prendras que deux minutes.

— Ha mais oui, mais enfin c'était mieux là où il était avant, non ? T'en penses quoi, Nathalie ? (la copine un peu enrobée)

Emily insiste, naturellement, pour que sa copine, qui n'a pourtant que deux mains, lui tienne la main durant l'opération et filme celle-ci avec son téléphone portable, afin de partager une cérémonie aussi importante via les réseaux sociaux. Et paf, le petit tatouage qui ne devait pas durer trop longtemps dure une heure. Elles partent, ravies toutefois, et enverront le lendemain une photo du chef-d'œuvre d'un centimètre carré au tatoueur, via Facebook.

*L'hésitant : c*apable de tenir plus de deux heures à contempler deux dessins presque semblables sans se décider ou à feuilleter toutes les pages d'un catalogue en demandant le prix de chaque pièce (les catalogues font dans les cinq cents dessins chacun !) Enfin (pourrait-on croire) fixé, il s'enquiert du prix et, sous le prétexte d'aller jusqu'à la banque, décampe en douceur, car l'état de ses finances ne le lui permet pas ce mois-ci et qu'en plus, finalement, il n'est sûr ni de la taille, ni de la couleur, ni de l'endroit sur son corps, ni de…, ni de… Il reviendra, peut-être, deux mois plus tard, pour revoir le modèle, qu'il demandera à prendre en photo avec son téléphone portable, afin de réfléchir encore un peu.

Le morfale: il ne penserait pas à aller acheter des chaussures en dégustant l'un de ses très nombreux casse-croûtes quotidiens, mais chez le tatoueur, il n'hésite pas! Pour lui, les règles de la courtoisie varient selon l'endroit, et dans un studio de tatouage, ce ne peut être que fréquenté par des marginaux, donc nul n'en est besoin. Il feuillette donc les catalogues et autres *books* en mangeant, les maculant de miettes et de sauce à l'ail, et il proteste quand on ose lui faire une remarque à ce sujet. Du reste, quand il proteste, il met des miettes partout là où il n'en avait pas encore mis. Un bonheur!

L'ami des bêtes: partout accompagné de son clebs, il ne comprend pas qu'au nom de l'hygiène, on veuille l'en séparer. Nécessité tatouesque faisant loi, il acceptera de le confier momentanément – c'est un privilège, du moins il le croit – à la personne qui est au comptoir durant le temps nécessaire à la réalisation d'un tatouage, étant pour lui bien entendu que la fonction de « dog-sitter » est hautement honorable et gratifiante. Il ne peut comprendre que la personne en question n'ait ni l'envie ni le temps de l'exercer. Lui répondre « Désolé, je n'ai pas que ça à foutre » le plonge dans un abîme de désespoir et d'incompréhension.

Le mélomane: celui-là vit dans une bulle, un monde plein de musique, et les écouteurs rivés aux oreilles. Ce serait un être sympathique si le fait d'être auditivement coupé du monde extérieur ne l'empêchait pas de communiquer. Lui extorquer un simple « bonjour » relève de l'exploit! Sa devise: « mes voisins écouteront de la bonne musique, qu'ils le veuillent ou non! » Lui faire un tatouage est encore plus difficile: pour gérer la douleur, il pousse le volume sonore au maximum, il bouge alors sans cesse la tête, mimant avec le cou une danse qui évoque un peu la poule au rythme des basses qu'il est le seul à entendre.

Enfin le pire de tous : *l'agressif*. C'est une plaie ! Capable de plomber à lui seul l'ambiance d'une après-midi ensoleillée. Il arrive, mufle en avant, de deux autres studios dans lesquels il s'est enquis du prix de son projet. « Ces voleurs » (je le cite) osent lui demander la faramineuse somme de cent vingt euros. Outré par ce culot, il revient chez nous, vu qu'il s'est déjà fait tatouer dans la maison il y a quinze ans. Il espère bien qu'en récompense de sa fidélité, on lui fera un prix correct ; du reste, il y a quinze ans, il n'avait payé que cinquante euros ! Lorsque je lui demande la même somme que les collègues, l'agressif s'emporte : il est déjà client chez nous, LUI ! Si en plus j'ose lui demander de prendre rendez-vous et de déposer un acompte, c'est l'outrage ! Il part en claquant la porte, rouge de colère et en criant « Va te faire mettre, sale voleur ». Ce qui est amusant, c'est que deux ou trois mois plus tard, il n'hésite pas à revenir, avec la même demande et les mêmes exigences. Il faut un colossal abrutissement pour demander un tatouage à un gars qu'on insultait peu de temps auparavant, non ?

On le voit, être à l'accueil dans un studio de tatouage, ce n'est pas vraiment une sinécure ! On comprend l'usure du gars Pierre et la nécessité, certains étés de l'époque où nous travaillions avec des catalogues, d'une vendeuse, belle, persuasive et patiente !

S'il devait t'arriver de nous trouver fatigués ou un peu énervés, maintenant, tu sais pourquoi ; et, j'ose l'espérer, tu compatis ! Je reprécise, au cas où ce serait nécessaire, que la grande majorité de mes clients n'appartiennent pas à ces catégories. Il y a encore quelques classes d'emmerdeurs, hors concours, hors catalogue, hors de prix et champions toutes catégories, ce sont ceux qui ne sont pas des clients, parce que les pénibles ci-dessus ont, eux au moins, l'excuse d'avoir l'intention de me filer du fric.

Le sans-gêne: il a un rendez-vous dans trente minutes, dans un autre studio, avec un autre tatoueur. Doté d'une mémoire de poisson rouge (qui passe cent fois par jour devant le petit scaphandrier qui fait des bulles avec son casque et se dit « tiens, c'est joli par ici ! ») et d'un sens de l'orientation plus qu'approximatif, le sans-gêne n'hésite pas à venir me baver sur les rouleaux, genre « Ouais, heu, tu ne sais pas où travaille Norbert ? » Soit dit en passant, le bonjour rendu obligatoire par les règles de la politesse, lui, il ne connait pas !

— Non, désolé, je ne sais pas.

— Oui, mais j'ai rendez-vous avec lui et....

S'il savait comme je m'en fous !

Le « fast-food » : je l'appelle comme ça parce qu'il est persuadé que tous les tatoueurs font partie d'une chaine, un peu comme pour les hamburgers. Donc, pour lui, si le bon pour un cheeseburger, une petite frite et un grand coca est valable aussi bien à Montréal qu'à Vladivostok ou à Tombouctou, les retouches sur un tatouage, c'est pareil. Du coup, il s'attend à ce que je retouche gratuitement le pâté baveux commis par le dénommé Renato, tatoueur à St-Trouduc, Loir-et-Cher. Note que je suis l'ami des peuples-frères, que je n'ai rien contre les habitants du Loir-et-Cher (un lieu où je n'ai jamais mis les pieds et qui est très probablement tout à fait charmant) et que je ne connais aucun Renato ; c'est juste un exemple !

Les « JL » : en un mot comme en cent, ce sont les pires ! « JL » signifie « *just looking* ». Ces cuistres n'ont aucune envie de se faire tatouer (c'est leur droit le plus strict, droit que je leur accorde bien volontiers). Ça ne leur est jamais venu à l'idée, cette idée leur est odieuse, ne leur viendra jamais, et, en plus, ils trouvent ça vulgaire. Seulement, et particulièrement les jours de pluie, ils sont curieux : ils ont envie de voir un vrai studio de tatouage de l'intérieur (comme dans les films de gangsters, ma chère, les enfants vont A-DO-RER!), de voir un vrai tatoueur (une sorte de voyou qui aurait pignon sur rue) de près, peut-être même croiser des vrais gangsters comme dans les films, avec des vrais tatouages et des mitraillettes qui font TACTACTAC.

Note que si le « JL » ne se considère pas comme un client, et donc pas tenu à la simple politesse qui l'obligerait à se fendre d'un « bonjour », il exige en revanche qu'on lui déroule le tapis rouge, d'où le dialogue classique suivant :

— Bonjour. Bonjour (plus fort). BONJOUR!

— Ha, heu oui, bonjour.

— Puis-je vous aider?

— Non, non, on regarde seulement, on ne veut pas se faire tatouer.

— Bon, OK.

Quelques minutes s'écoulent alors, sans que rien ne se passe...

— En fait, on voudrait voir vos catalogues.

— Vous voudriez vous faire tatouer quel genre de truc?

— Ben rien (on les sent agacés, là : ils ont déjà dit ne pas vouloir de tatouage, il ne faudrait quand même pas les obliger à se répéter!)

— Ben alors, pas de catalogue pour vous.

— Pourquoi?

— Parce que si vous aimez perdre votre temps, c'est votre problème, mais moi, j'ai autre chose à foutre!

— Ah mais vous n'êtes pas très sympathique, vous!

— Non, et d'ailleurs, je vous ai assez vu : au revoir (ou pas!)

Au mieux, si on lui montre un catalogue ou un *book* de photos, le «JL» tourne les pages en discutaillant avec sa copine, regarde le plafond... Mais ça, c'est quand il tente de justifier sa présence en faisant semblant (mal, mais semblant) d'avoir un intérêt pour la chose. Les «JL» sont donc une race maudite, uniquement destinée à vous faire perdre du temps et à vous pomper l'air! Aucune porte, aucune pancarte «fermé» ne les arrête, seules comptent la satisfaction de leur curiosité et l'affirmation de leur droit d'être grossier (bon, du coup, moi aussi je suis grossier, j'ai horreur qu'on m'écrabouille les nougats, je les ai sensibles!) Un dimanche, alors que nous revenions, Pierre, le perceur, et moi de convention, nous étions passés par le shop, histoire d'y ranger le matériel. Le volet était baissé, la porte, elle, n'était pas close, car nous étions chargés comme des mules. Le temps de monter les valises et de nous faire un petit café bien réconfortant, et BOUM, trois «JL» étaient dans l'escalier, entre le deuxième et le troisième étage: un grand mâle, une femelle enceinte et un mioche!

— Heu, bonjour, pouvez-vous me dire ce que vous foutez là?

— Bonjour, on voulait montrer à notre fils un studio de tatouage.

— Vous n'avez pas vu que c'était fermé?

— Si, si, on s'est donc dit qu'on pouvait visiter tranquillement!

— Et si je vous demande, moi, de foutre le camp illico?

— Vous n'êtes pas gentil!

— Parfaitement exact, maintenant, OUSTE!

Les joyeux drilles: Hubert va se marier. Sa bande de copains, avec qui il a fait ses études au collège St Pierre-Perret et avec qui il partage tant de souvenirs (dont ce voyage scolaire mémorable à Barcelone, où la prof de math, madame Coulommier, a perdu sa valise), lui a préparé un enterrement de vie de garçon qui comptera dans l'histoire du groupe.

Ça se passera à Bruxelles, samedi, et Hubert sera déguisé en bébé, en lapin ou en marsupilami (ou en bébé lapin, ou en bébé marsupilami, certains ont plus d'imagination que d'autres). Ils seront neuf en tout, et deux d'entre eux ont prévu les munitions : trois grandes bouteilles en plastique d'un litre et demi chacune, contenant respectivement du whisky-coca, du gin-orange et du limoncello. L'épicerie pakistanaise de la gare de départ fournira le surplus sous la forme d'une bonne douzaine de boites de bière tiède (le grand modèle d'un demi-litre). L'après-midi s'annonce chaude ! Dans le train, les deux meneurs de la bande, Jérôme et Paul-Alain, ont une idée géniale : on va faire croire à Hubert, qui commence déjà à être beurré comme une tartine, qu'on lui a pris un rendez-vous chez le tatoueur. Ça va être énorme ! Seulement voilà, il faut mettre le tatoueur dans le coup si l'on veut que ce soit crédible. Donc, tandis que les autres vont faire à Hubert sa première grosse blague en l'emmenant dans un *peep-show*, deux de nos riants compères vont aller en émissaires chez un tatoueur, lequel devra jouer la comédie, pas bien longtemps, juste le temps de faire quelques photos pour immortaliser l'instant. Généreusement, il est prévu d'offrir en remerciement audit tatoueur une canette de bière afin qu'il puisse s'humecter la cloison en bonne compagnie.

Arrivés au studio de tatouage, les deux plénipotentiaires exultent : il y a un comptoir. C'est important, un comptoir, quand on veut boire un coup et faire la fête ! Peut-être même que le tatoueur, qui a l'air d'un bon gars, acceptera d'imprimer le cachet de son studio sur la fesse velue d'Hubert, ce serait carrément du délire ! Holà donc, messieurs les comiques, quelques détails vous ont sans nul doute échappé. Premièrement, je n'ai aucune envie de voir mon magasin transformé en bistrot, et d'ailleurs, on n'est pas censé y consommer de l'alcool. Deuxièmement, je n'ai pas que ça à foutre : j'ai des clients, des vrais, qui ont pris rendez-vous et ont déposé un acompte, ils ont la priorité, pas vrai ? Troisièmement, j'ai horreur de la bière tiède ! Moralité : Paul-Alain dira en partant : « Pffff, l'est vraiment, hips, pas marrant, lui ! »

Bref, il m'arrive de regretter la douce époque où les tatoueurs étaient considérés comme des marginaux : au moins, en ce temps-là, quand quelqu'un prenait son courage à deux mains pour franchir la porte, c'est qu'il voulait vraiment un tatouage. Pas besoin de jouer les commerçants, de vendre notre soupe. Limite, avoir un caractère de chiotte, ça faisait presque partie du truc !

Un dragon pour Marcel, professeur d'arts martiaux.

Le tatouage d'Aurélie a toujours beaucoup de succès auprès de la gent masculine.

Olivier, dit « le disciple », est l'un des personnages de ce livre.

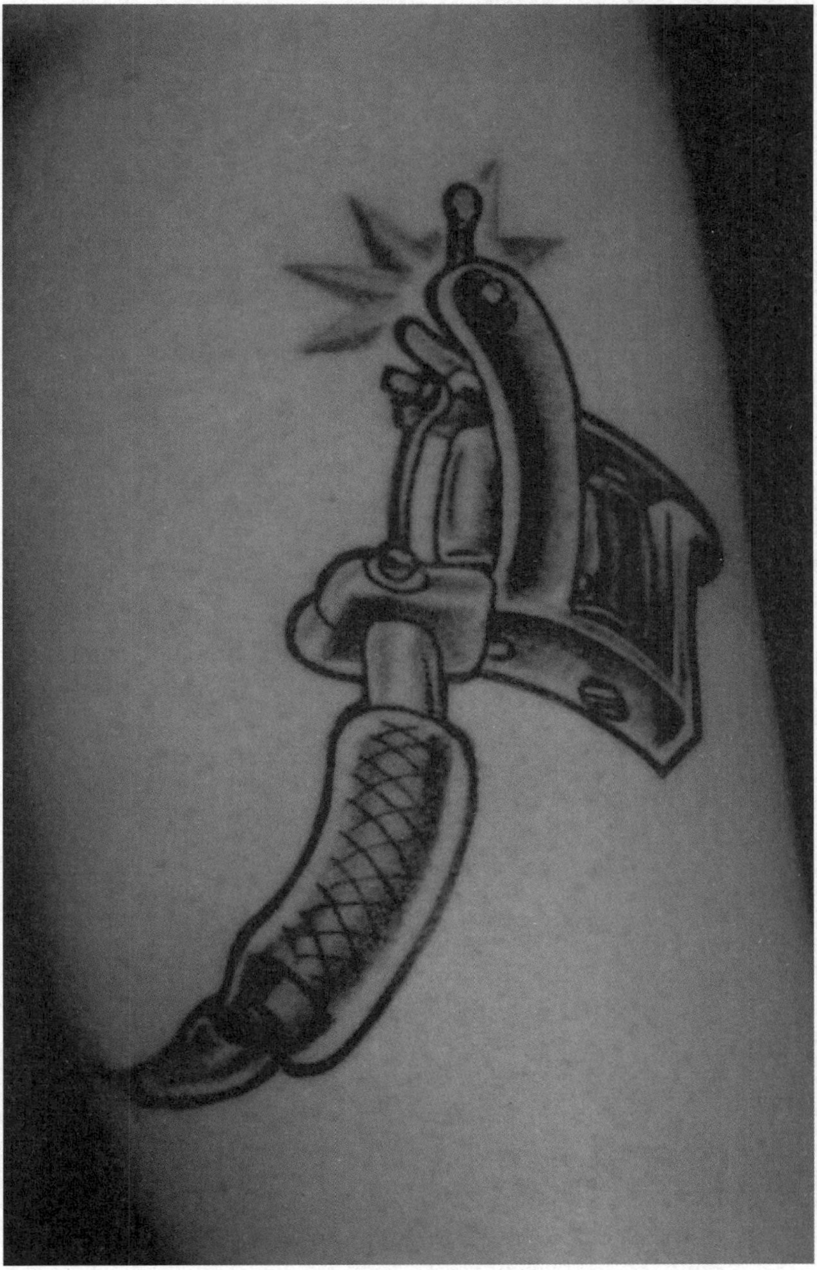

Sabrina, tatoueuse, voulait une machine à tatouer.

Ex-sous-officier de commandos, Xavier est aujourd'hui un homme d'affaires prospère qui commercialise dans le monde entier des moyens d'éclairage de son invention, adaptés aux besoins du Tiers-Monde.

Un Diable pour Chris, infirmier urgentiste.

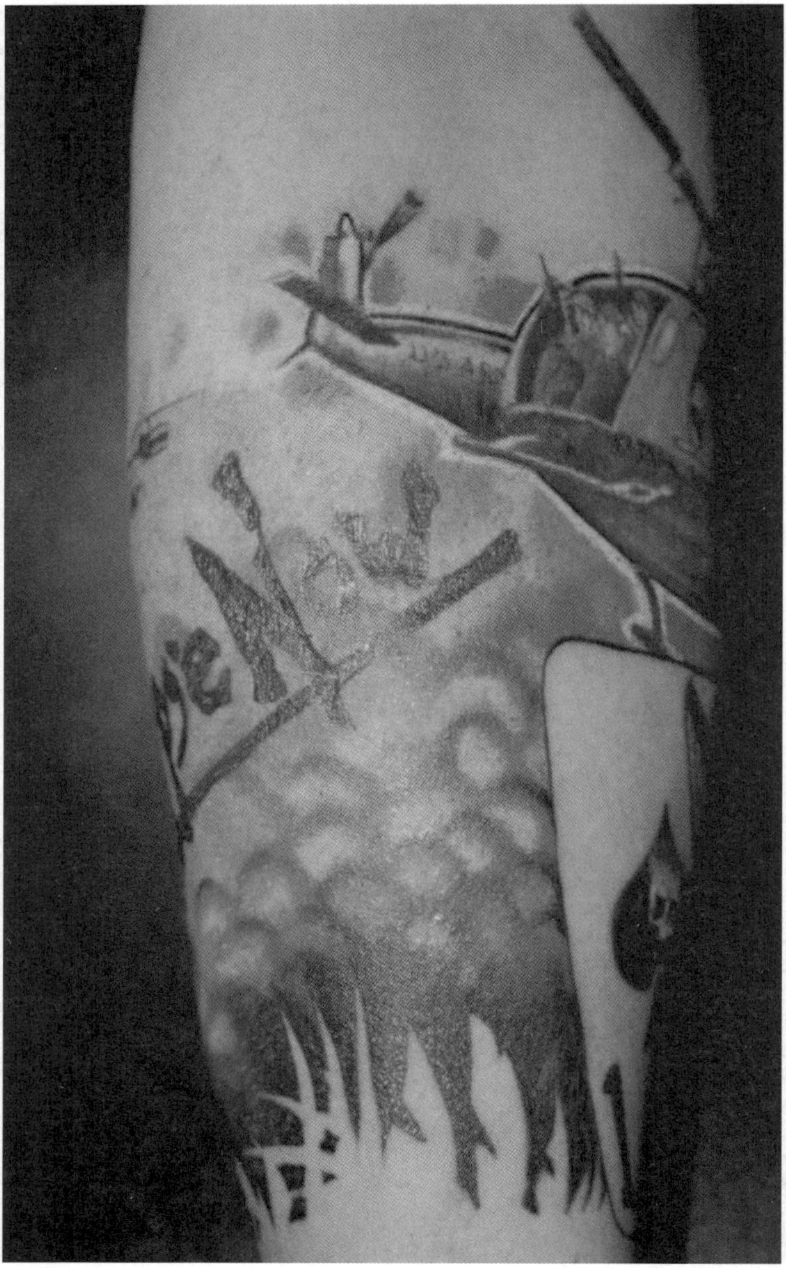

Pierre, également personnage de ce livre, a remporté plusieurs prix en convention avec cet avant-bras dédié à son film fétiche.

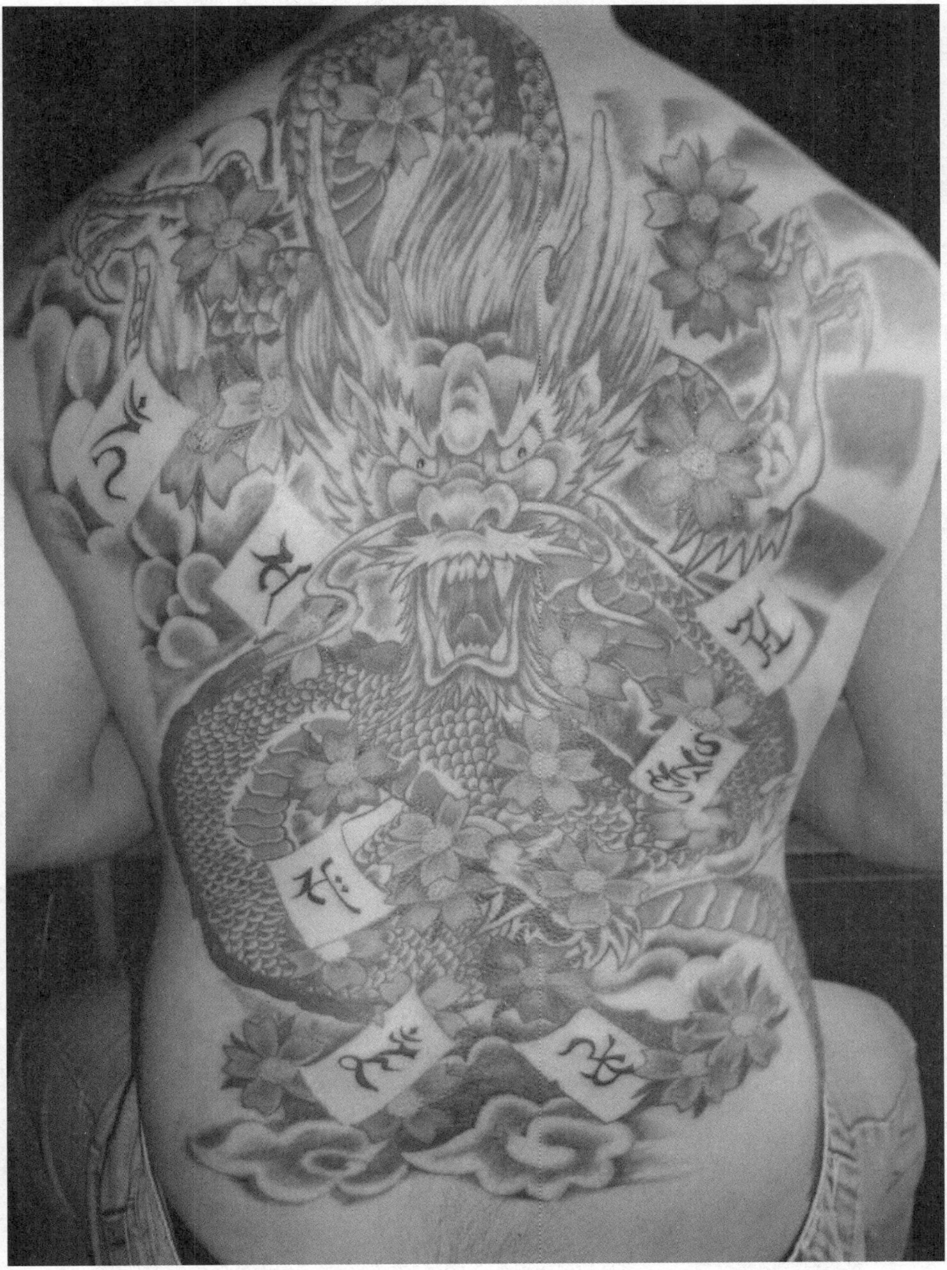

Euthime dissimule ce dragon sous la livrée stricte de l'une des brasseries les plus prestigieuses de Bruxelles.

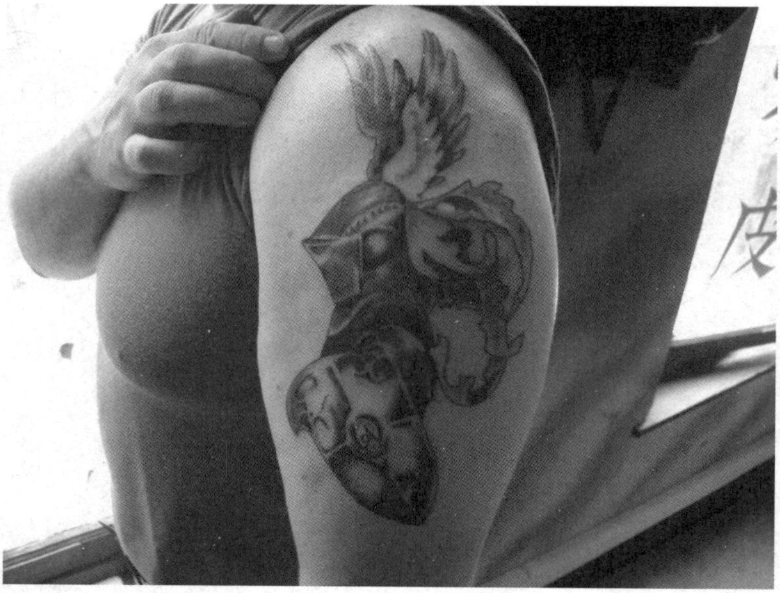

Marc, aujourd'hui père de famille tranquille, effectua jadis plusieurs séjours en Irak comme mercenaire.

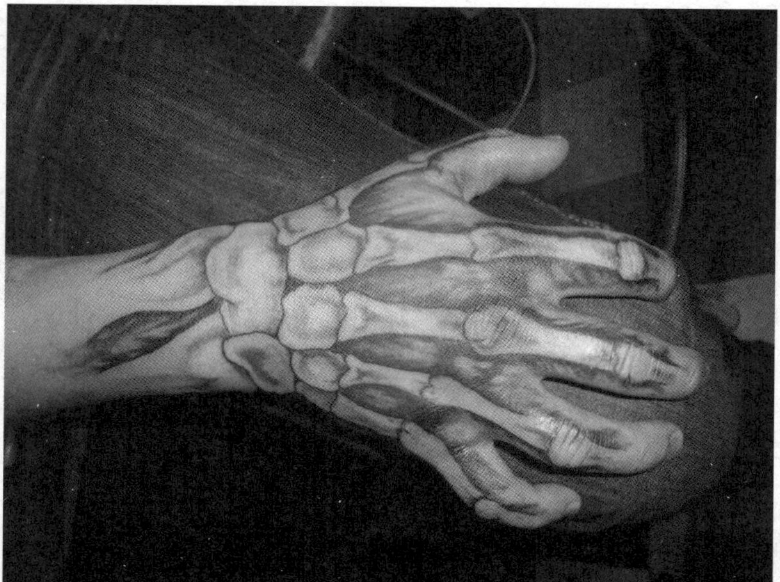

Gérard, ouvrier carreleur, assure que ce tatouage ne fait pas peur à ses enfants.

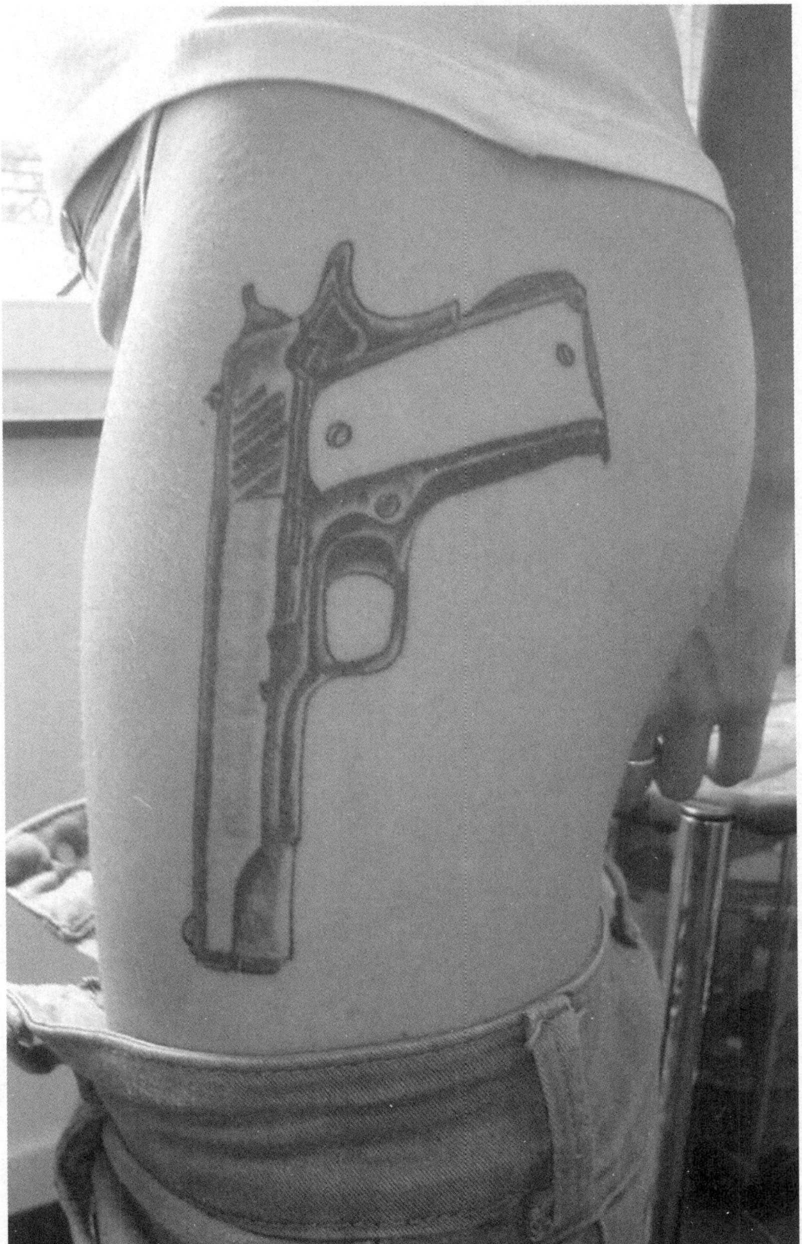

J'ai oublié le nom de cette petite blondinette qui osa se faire tatouer un flingue sur la cuisse.

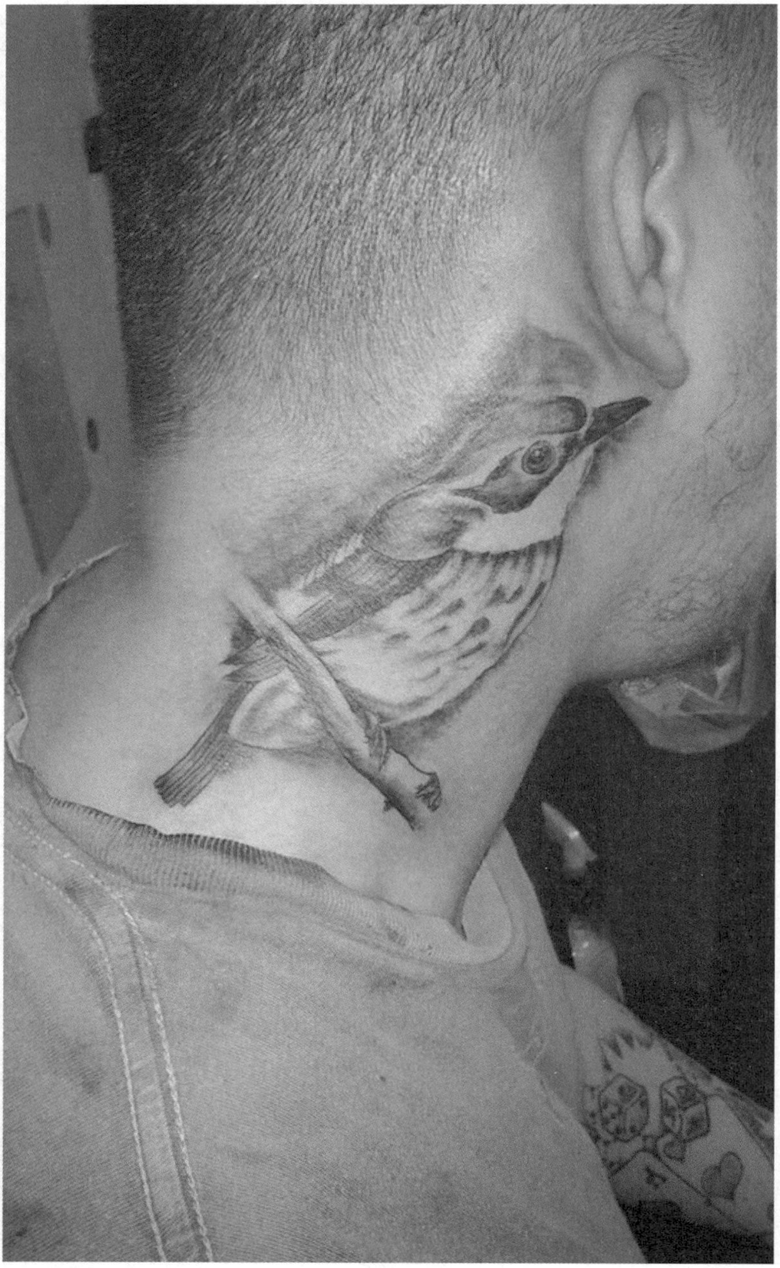

Tommy est étudiant en droit.

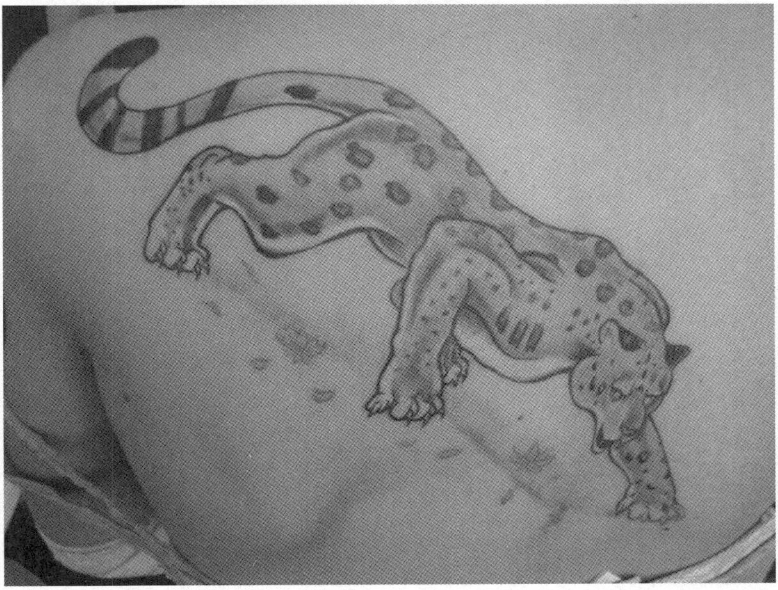

Jessica est bibliothécaire dans la plus grande bibliothèque de Belgique.

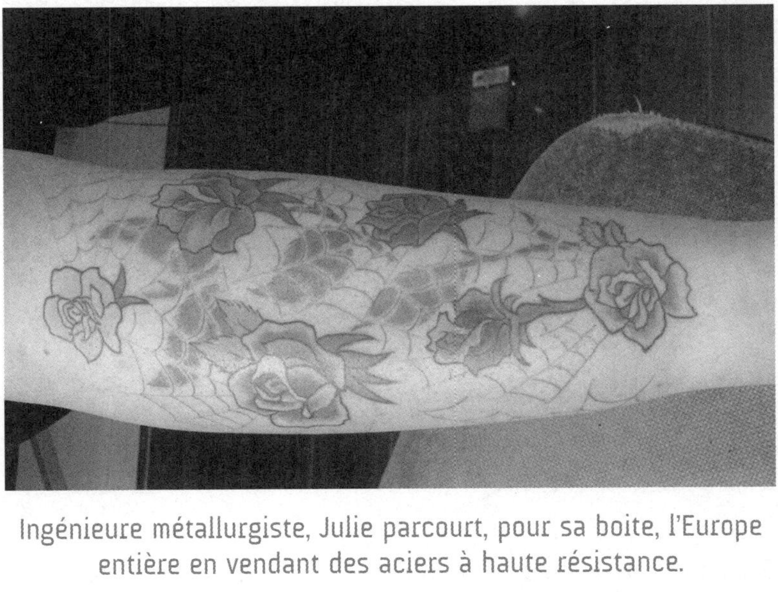

Ingénieure métallurgiste, Julie parcourt, pour sa boite, l'Europe entière en vendant des aciers à haute résistance.

Actrice de théâtre amateur, Véro est fonctionnaire européenne, dans la branche légale.

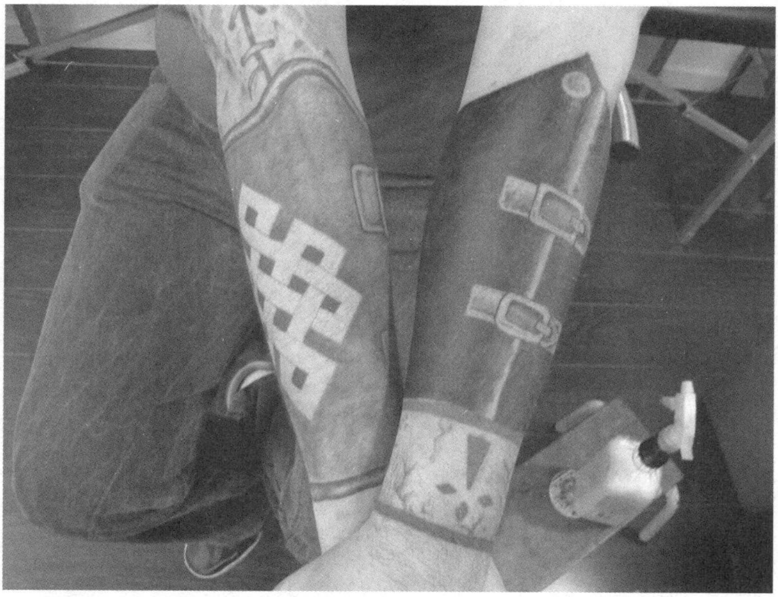

Serge est frigoriste. Il est tombé dans le tatouage étant petit: depuis ces deux manchettes, nous avons terminé ses bras et son dos... Le reste du corps suivra vraisemblablement.

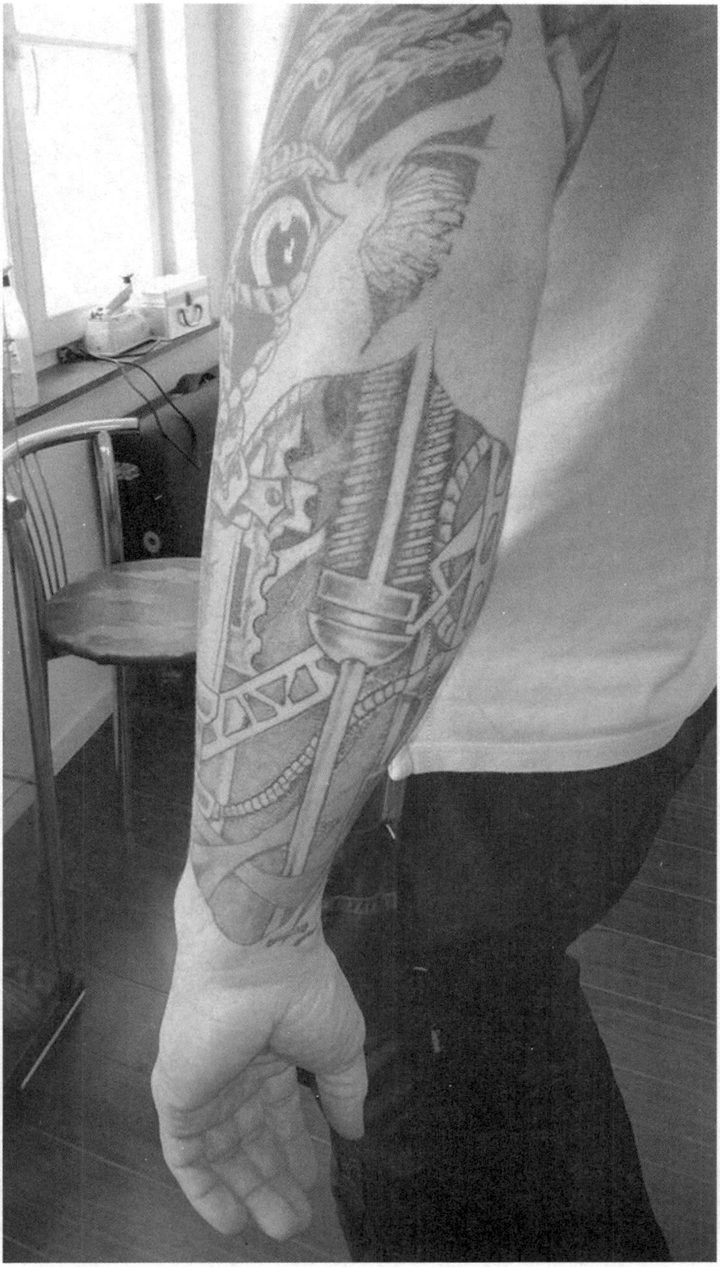

Jérôme est un sportif de haut niveau, et grand fan de Schwarzenegger.

Elin, après de nombreuses années de galère en Europe, est devenue secrétaire en Belgique. Elle parle cinq langues.

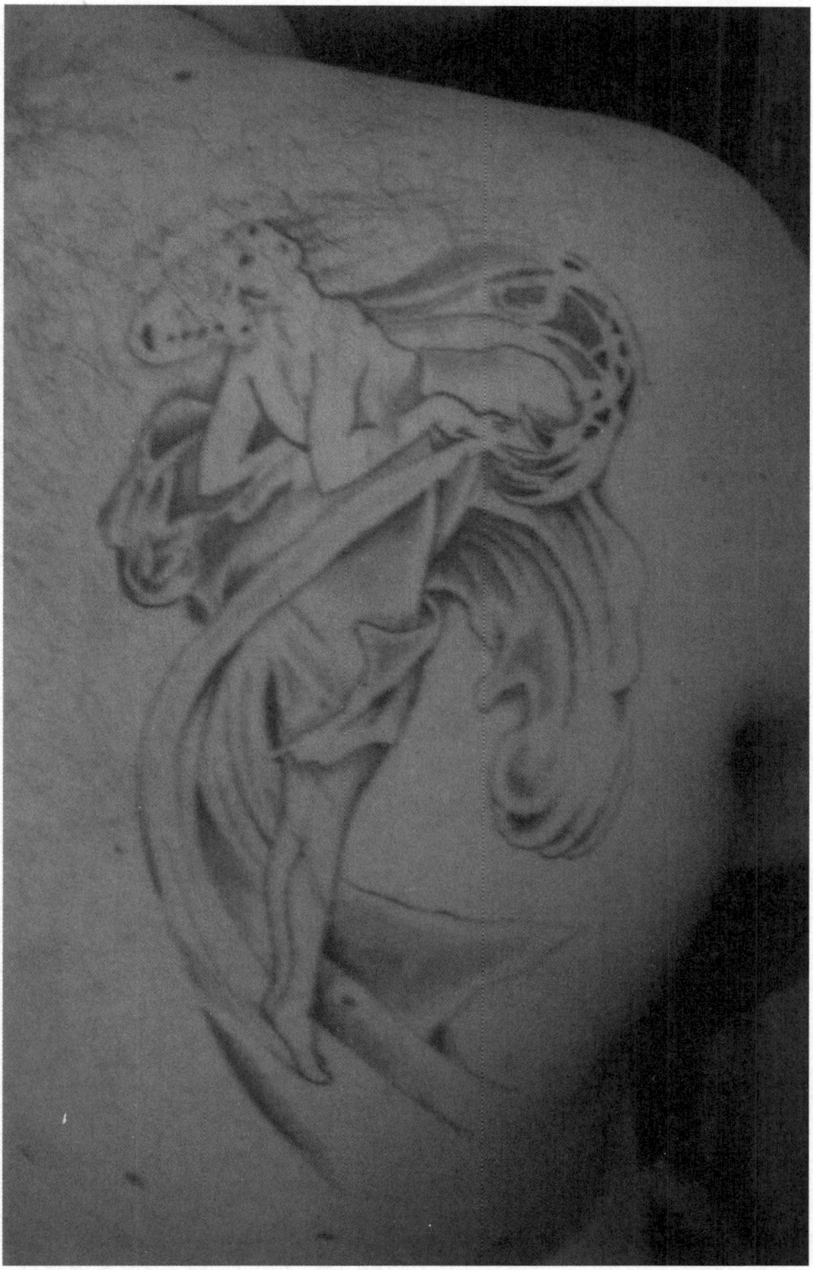

Ce client, dont le nom m'échappe, est artisan-fromager, les séances de tatouage se déroulent toujours dans une ambiance gastronomique.

Avant de changer de métier, Chrystelle était l'un des liens entre le monde de l'entreprise et l'Université.

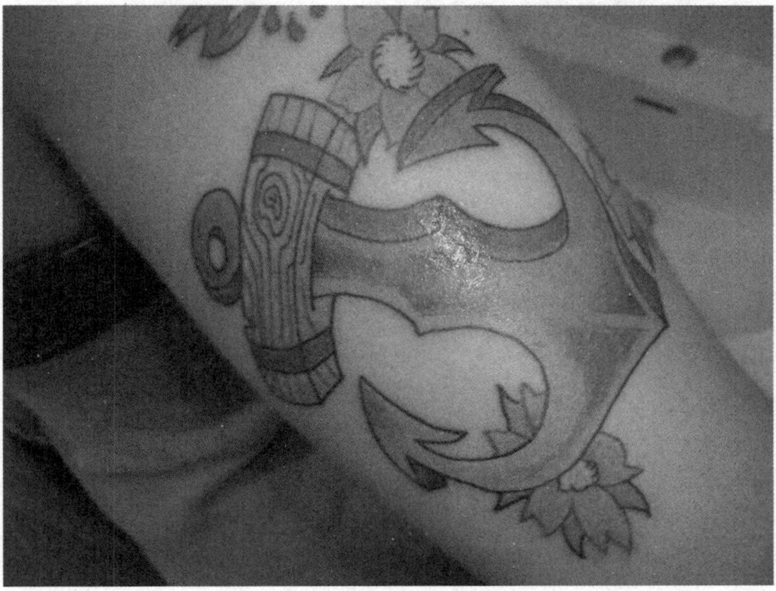

Caroline, la jolie blonde qui porte cette ancre,
gère des dossiers d'assurance-maladie.

Championne de roller-derby et fan de mangas, Audrey est
l'une des étoiles montantes de la bijouterie de luxe.

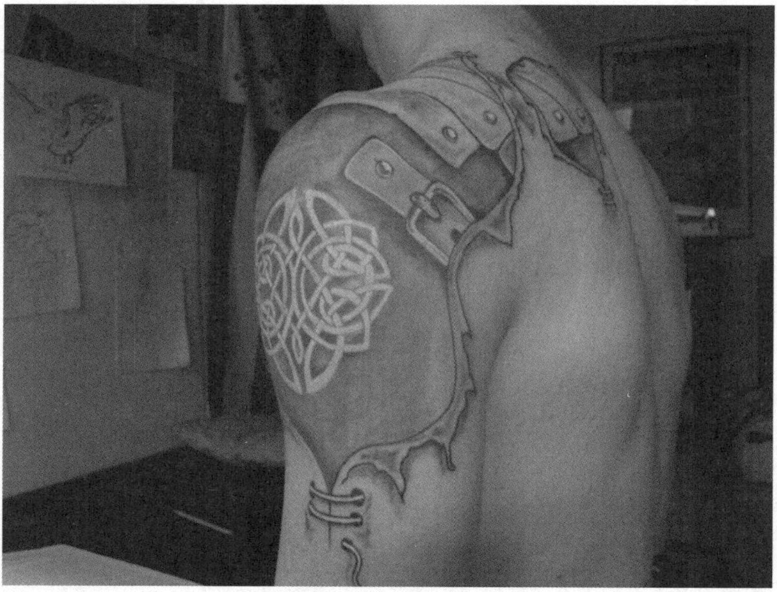

Mike est physicien, il contrôle la douleur des séances de tatouage en se plongeant dans de complexes équations de mécanique quantique.

Laurent voulait un magicien de la finance: en effet, il est «business-manager» dans l'une des plus grandes banques du pays.

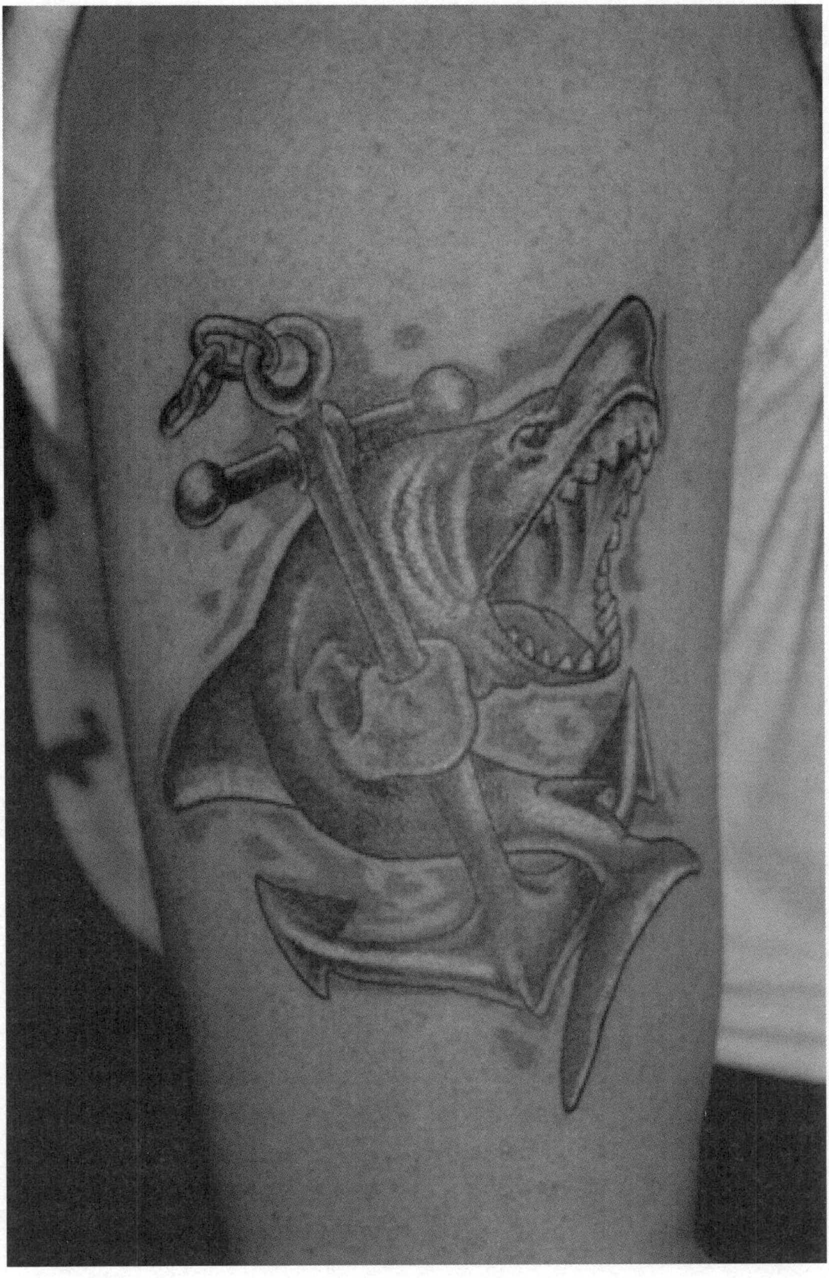

Pour tout tatoueur, un client dans la Marine est un « must »;
celui-ci opère sur un navire océanographique.

Bilbo est un geek, fan de Star Wars, et, bien sûr, informaticien.

Les conventions

C'est au moment où nous sommes enfin installés dans nos murs que je me décide à tourner un peu sur le circuit des conventions internationales de tatouage. En effet, du temps où je turbinais pour la gloire d'un autre, je n'avais pas eu l'envie de mouiller ma chemise dans ce genre d'aventure ; c'est coûteux, très fatigant, et on prend un risque : celui qui ambitionne de participer à une manifestation de belle ampleur et de se frotter aux pointures du milieu doit être capable d'assurer sous peine de sombrer dans le grotesque.

Afin d'éclairer la lanterne de l'éventuel lecteur qui ignorerait ce qu'est une convention, résumons la chose. Imagine une grande salle, avec un bar (bien sûr), dans laquelle on monte des stands, lesquels sont occupés par des tatoueurs d'un peu partout dans le monde et par des clients qui viennent s'y faire encrer. C'est plus ou moins bien organisé (suivant les cas), ça dure entre un et trois jours, et il y a un concours, avec un jury, pour déterminer quels sont les plus beaux tatouages réalisés durant l'évènement. Les gagnants, outre une certaine visibilité médiatique, gagnent des trophées ravissants, allant de la statue d'un dragon tenant une machine à tatouer (en résine premier choix, tout de même) à la coupe en métal blanc évoquant celle remise au concours de belote d'une anonyme amicale de retraités socialiste, d'un concours de pétanque, voire de pêche au gros (c'est toi qui vois ;

ne pas voir dans ces propos, que j'admets quelque peu sarcastiques, une quelconque forme de frustration, j'ai moi-même en convention gagné l'une ou l'autre de ces horreurs qui figurent en bonne place dans une vitrine adéquate, entre une photo de ma fille bébé et une maquette de char léger CVRT).

On peut, grosso modo, classer les conventions en différentes catégories. Il y a d'abord le haut de gamme, réservé à une élite de tatoueurs très talentueux et médiatisés (il y a des tatoueurs très talentueux qui se plaisent dans l'anonymat, et c'est très bien comme ça!) : ces évènements exclusifs sont en général (en général, hein?) très bien organisés et réunissent un plateau de qualité. Pas question pour le gribouilleur qui égratigne sa clientèle dans un bled improbable de s'y rendre autrement que comme simple visiteur.

Ensuite, il y a les bonnes conventions, bien organisées mais loin du léger snobisme du haut de gamme: tout tatoueur ayant un niveau correct peut prétendre y avoir un stand, à charge pour lui d'y briller, ce qui lui donnera, le cas échéant, la possibilité d'accéder un jour à la catégorie supérieure.

Le problème, c'est que souvent, au bout de deux ou trois conventions de bonne tenue, les organisateurs, qu'ils soient professionnels du tatouage ou professionnels de l'évènementiel, se reposent un poil sur leurs lauriers, se laissent aller à un confort de mauvais aloi. Les bons tatoueurs se mettent alors à bouder la chose, et la convention périclite. C'est dommage, mais humain.

Il existe également les conventions locales. Lorsque « Alphonse Tattoo », du studio du même nom, qui vit dans un patelin reculé d'une lointaine province agricole, désire se faire valoir auprès de sa clientèle maraichère et rurale, il se prend à rêver d'avoir, lui aussi, une jolie vitrine luxueusement garnie de coupes et de trophées. Le problème, d'une part, c'est que la seule coupe en sa possession est celle du plus beau bébé, obtenue en 1965 à la kermesse du village en question (soixante centimètres de haut, comme le bébé, sans le socle en faux marbre). D'autre part, il est conscient de son très approximatif talent artistique, qui ne lui permet pas d'envisager de participer avec même une petite chance de gagner un «*contest*» d'une des conventions de bonne tenue dont je parle ci-dessus.

Qu'à cela ne tienne, il contacte ses amis tatoueurs, du même niveau que lui, le club de moto des «Pirates de la route», de Trifouillis-les-Oies (pour assurer la sécurité), et, dans la salle paroissiale, organise une convention de tatouage.

L'animation sera assurée par DJ Didier (prononcez DJ Didjé), et le numéro d'une strip-teaseuse à la soixantaine fatiguée donnera à l'ensemble un petit caractère rebelle et malsain du meilleur goût, propre à scandaliser très légèrement les quelques retraités locaux qu'on pourrait éventuellement froisser (encore que!) Alphonse en personne sera bombardé président du jury, assisté pour l'occasion de ses vieux complices: Geronimo (tatoueur itinérant, «on the road» comme il le dit lui-même) et «Gros-Wally» (son vrai nom, c'est Jean-Baptiste, mais il n'aime pas qu'on l'appelle comme ça), président du club de motards sauvages susmentionné.

Tout ce joli monde est content, bien sûr, puisqu'on s'échange moult premiers prix dans différentes catégories (meilleure manchette, meilleur dos, *best tattoo* féminin, etc.) et dans un tonnerre de congratulations réciproques et fraternelles, chacun rentre chez soi, nanti d'une jolie coupe, la tête pleine de rêves de gloire (locale) et le foie engorgé; l'année prochaine, c'est promis, on remet ça!

Précisons d'emblée que, si les conventions font l'objet d'un écho dans la presse spécialisée dans le tatouage, il ne faudrait tout de même pas croire aux sympathiques mensonges qui les y présentent comme des « réunions de la grande tribu des tatoués et tatoueurs », où une « ambiance aussi familiale que confraternelle règne ». C'est tout mignon comme description, mais il ne faut pas prendre le lecteur pour un lapin de six semaines : la réalité est très différente !

Je n'hésite pas à plaider l'indulgence pour les journalistes de ladite presse : les tatoueurs sont leur fonds de commerce, et les conventions d'excellents moyens d'en rencontrer, de dénicher les nouveaux talents et de faire de belles photos.

Mais, en général, tout copains qu'ils puissent paraitre, les tatoueurs sont aussi des concurrents, en fonction des coteries, des années, des offenses (réelles ou imaginaires), tout le monde s'aime, se déteste, se congratule et se dénigre avec un enthousiasme qu'on ne retrouve que dans les groupes de mannequins de mode, les cours de récréation et les feuilletons brésiliens. Participer à une convention, c'est savoir ou apprendre que la tape dans le dos n'est jamais bien loin du coup de pied au cul ! Il n'y a pas pire bande de commères vindicatives qu'un rassemblement de l'élite de la profession !

Au fil des années, nous ferons, mes associés et moi, plusieurs de ces conventions : en Angleterre, Dunstable (un must) et Blackpool (la cité balnéaire, ville improbable entre un parc d'attractions et une plage fréquentée par des familles ultra-nombreuses et fortement désargentées, mais dont la convention de tatouage était un modèle du genre), et bien sûr, Paris, Dublin, Lyon.

Dans le meilleur des cas, les rencontres entre professionnels débouchent sur, sinon des amitiés, de simples relations de camaraderie entre collègues. Dans d'autres cas, c'est le contraire : on s'y fait des ennemis à vie. De la convention de Lyon, justement, j'ai un souvenir de ce genre-là.

J'avais pris un stand en commun avec un collègue et ami, Phil Kyle, dont j'avais fait la connaissance à la convention de Paris. Le premier jour, on n'a rien foutu. Excédé, je demande à Pierre, qui était présent, de monter sur scène pour le concours. Pierre portait (et porte toujours) un tatouage de mon cru représentant un hommage au film *Apocalypse Now*. Il se présente donc, et la pièce remporte le premier prix (un horrible dragon en résine). Là-dessus, la figure de proue des fines aiguilles locales (aujourd'hui décédée) me dépêche son apprenti, porteur d'une exigence, voire d'un ultimatum.

— F. veut te parler.

— Oui ? Hé bien s'il veut me parler, il sait où me trouver, non ? Il est si occupé ?

— Non, enfin, si…

— Il est en train de tatouer ?

— Non, mais…

— Ben alors, désolé, je ne suis pas du genre qu'on siffle !

Le lendemain, alors que je passe devant le stand de ce caïd au petit pied, potentat des tatoueurs locaux, dont la réputation tenait plus de son autoritarisme et de son ancienneté sur la place que de son sens de la confraternité : il fume un cigare gros modèle en tatouant le bras d'un gars (bravo l'hygiène).

Il m'interpelle :

— Ho, le Belge, je voulais te voir.

— Oui ?

— Tu es étranger ici, tu te pointes et tu gagnes le premier prix. Ça ne va pas du tout, je vais t'apprendre le respect !

— Je voudrais bien voir ça ! Comment tu comptes t'y prendre ? En répandant des cendres de cigare sur le bras de ton client ou en dépêchant encore un sbire ?

— Grand con !

— À ton service !

Bon, pour dire la vérité, à la fin de la convention, on ne s'est pas trop attardés : l'atmosphère virait à l'orage car, pour avoir envoyé le caïd des Lyonnais se faire foutre, l'ambiance ressemblait de plus en plus à Stalingrad. On a beau être dans la catégorie « teigneux », à trois contre une vingtaine, on n'était pas pressés de se faire épeler les mots « tête au carré » à coups de giroflée à cinq pétales. Démontage du stand en vitesse et direction le resto pour évacuer le stress et la fatigue.

Pour mieux appréhender ce que représente une convention comme dépense d'énergie, racontons donc le menu de la participation à l'une d'elles : celle de Dublin, par exemple, qui était de loin ma favorite et qui, si les organisateurs ne s'étaient reposés sur des lauriers pourtant mérités, serait au fil du temps entrée dans la catégorie supérieure. C'était, dans les conventions de bonne tenue, le dessus du panier.

Elle se déroulait sur deux jours de printemps, du samedi au dimanche. Le niveau s'annonçait excellent, puisque le plateau comprenait Paul Booth, le spécialiste américain du style macabre, un style sinistre, mais raffiné (je sais, c'est un peu bizarre de le dire de cette façon) en dégradés de noir et gris, qui porte aujourd'hui son nom ; probablement l'un des cinq meilleurs tatoueurs au monde, avec le français Tin-Tin, le Suisse Filip Leu, et le Japonais Horiyoshi.

La convention commençant le samedi, le montage des stands se fait le vendredi. Pour nous, tout débute donc le jeudi (nous avons réservé et payé le stand et les billets d'avion plusieurs semaines auparavant), par les bagages. J'ai transformé une valise d'électricien en mini-poste à tatouer, contenant des tubes et des aiguilles stériles, des machines, une alimentation et des pots d'encre, et ce truc pèse déjà un bon poids. À cela, il faut ajouter deux gros «*flight cases*» contenant le matériel de dessin, de quoi décorer les stands, etc. Chaque «*flight case*» pèse quarante kilos. Et il faut encore compter un minimum de bagage personnel!

Nous partons à deux, avec l'ami Pierre, parce que c'est bien plus facile d'être deux sur un stand, le second membre de l'équipe subvenant aux besoins de l'intendance (montage du stand, accueil des clients, bière, sandwichs, etc.) Ma future épouse nous rejoindra sur place le samedi et donnera un coup de main.

Le vendredi matin, nous sommes à l'aéroport: si les compagnies *low cost* méritent bien leur nom, le prix du supplément de bagage, lui, est gratiné, c'est presque du racket!

Nous sommes bien après le 11 septembre 2011, et ça se remarque au contrôle: le rasoir en plastique de Pierre découpe sa silhouette au scanner:

— Arrêtez cet homme, il a un marteau dans son sac!

— Euh, un quoi?

— Un marteau?

Encadré par deux patibulaires en uniforme bleu, mon fidèle acolyte est fouillé tel un terroriste moyen avant que la méprise n'éclate au grand jour.

Dans la file derrière nous, de nombreux participants à la convention se remarquent, d'une part à leurs looks bardés de cuir, de tatouages et de piercings, mais aussi à l'air blême qu'ils affichent: ayant suivi l'incident, la quantité de métal qui garnit un imposant nombre d'orifices artificiels leur fait redouter, à raison, un traitement similaire, voire pire, de la part des intellectuels préposés au contrôle des voyageurs. Pierre et moi nous installons en vue de profiter du spectacle que nous prévoyons particulièrement relevé et ne sommes pas déçus: expliquer à un douanier obtus ce qu'est un «Prince Albert» (un bijou de piercing génital masculin) est une œuvre qui peut se révéler ardue. Nous baignons dans une joie sans borne. Du reste, le lendemain, ma moitié aura une aventure semblable, le litige portant cette fois sur l'attache métallique de son porte-jarretelle.

Nous arrivons sans autre mésaventure à Dublin, buvons quelques Guinness afin de nous dépoussiérer la luette et partons pour le lieu de la convention afin d'installer le stand. Nous sommes accueillis par Joyce, qui sera le « top manager » de l'évènement et qui démontrera tout au long du week-end son efficacité en matière d'organisation.

Ce n'est pas, loin s'en faut, notre première convention, nous sommes rodés, le montage s'effectue relativement rapidement, et nous nous retrouvons au bar réservé aux professionnels, dont l'accès nous est permis grâce aux badges « *artist* » et « *crew* » remis par Joyce. Nous y retrouvons quelques collègues britanniques et français, croisés dans d'autres conventions, taillons une bavette désaltérante avant de rejoindre l'hôtel, non sans passer par le fameux Temple bar. Visiter Dublin sans faire escale dans les pubs typiques du lieu, c'est tout simplement inimaginable !

Remarque, lecteur pugnace, que si nous ne crachons, ni l'un ni l'autre, sur un coup à boire, nous serons bien plus modérés à partir du lendemain. D'ores et déjà, tu ne dois pas non plus négliger l'engagement financier que représente la participation à un événement de ce genre : deux billets d'avion aller/retour, deux chambres d'hôtel (trois nuits), le resto… Bref, il va falloir amortir tout ça en tatouant suffisamment. L'ère n'est pas encore aux prises de contact grâce au numérique et à Internet !

Retour à l'hôtel, un dernier verre au bar de celui-ci. Tandis que nous regardons du coin de l'œil un client accoudé au bar, qui se saoule consciencieusement la truffe au mauvais vin blanc (un château-migraine capsulé) et qui n'est autre que Sean McGowan, le chanteur des *Pogues*, mon téléphone portable sonne. C'est Paulo, le « PTI » (se prononce « pitihaïe », pour « *Physical Training Instructor* », le responsable de l'entrainement sportif) de mon ancien régiment.

— Salut Jean-Mi, j'aimerais me faire tatouer demain et un de mes potes aussi.

— Ce serait avec plaisir, l'ami, mais là, je suis à Dublin pour la convention de tatouage.

— Pas de problème, on arrive.

Paradoxe des transports en commun de notre petite Belgique, terre d'héroïsme, de culture et de retard dans les chemins de fer, il est moins coûteux pour Paulo, qui habite Liège, de faire l'aller/retour Liège-Dublin en avion que Liège-Bruxelles en train (soit approximativement quatre-vingts kilomètres). Et le trajet dure à peine plus longtemps !

Outre le plaisir de revoir le gars, sa venue est également très importante pour une autre raison : tatouer dès le début est un bon gage de succès financier. Pour des raisons psychologiques confuses, mais bien réelles, les visiteurs d'une convention n'accordent de crédit qu'aux tatoueurs qui bossent. Quel que soit le talent de celui qui est vu désœuvré, il risque fort de le rester. Ainsi, un Espagnol qui occupe le stand en face du nôtre et qui, au vu de son *book* est un spécialiste du réalisme animalier, doué d'un talent inimaginable, chômera tout le week-end. C'est d'autant plus malheureux pour lui que venir d'Espagne lui a sans doute couté un bras !

Bref, étant au boulot dès le samedi midi, à l'ouverture, je le resterai jusqu'à la fermeture le dimanche vers vingt-deux heures, ayant à peine eu le temps de jeter un coup d'œil distrait à ce qui se passait sur scène, où, entre les différents *contests*, se produit le spectacle (pas toujours de bon goût) d'un célèbre *freak*,

« Crazy White Sean », un performer dont la redoutable spécialité consiste à suspendre des poids à son service trois-pièces et à les trainer sur plusieurs mètres.

Mon activité ininterrompue (plus que mon talent) lors de cette convention me vaudra, dans la presse américaine (dans la presse spécialisée francophone, l'événement n'aura droit qu'à un mince entrefilet), un article élogieux, mais peu rentable d'un point de vue publicitaire.

Après la fiesta entre tatoueurs du dimanche soir, nous occupons utilement notre lundi (après une prise de Dafalgan façon grands garçons, heureusement j'ai acheté la boite familiale avant de partir) à des activités culturelles telles que les visites de la brasserie Guinness et de la distillerie Jameson.

Au retour, à l'aéroport de Dublin, je passe plus d'une demi-heure à persuader un fonctionnaire obtus et guère plus malin que son collègue de Charleroi que les trois petits moteurs électriques bizarres qui sont dans nos bagages sont d'inoffensives machines à tatouer, et non des mécanismes sournois destinés à amorcer des bombes dans l'avion. J'obtiens gain de cause, non sans mal.

Retour le mardi, épuisés, et reprise de la routine du studio le mercredi.

En dehors de l'éventuelle publicité et d'une visibilité accrue (en cas de succès) dans la presse dite spécialisée (plusieurs titres disponibles chez le marchand de journaux du coin), et malgré le fait qu'elles sont épuisantes (même si l'on évite les visites culturelles et brassicoles des ressources et spécialités locales), les conventions sont le lieu privilégié des rencontres entre professionnels, rencontres qui peuvent déboucher sur des visites et invitations. C'est une raison de plus pour y venir à plusieurs puisque, lorsque l'un tatoue, l'autre a le loisir de tourner et de nouer des contacts utiles. Ces contacts déboucheront sur l'invitation en qualité de tatoueurs invités de Phil Kyle, un américano-niçois (si, ça existe!) de grand talent, qui se taillera plus tard une gloire méritée dans *London ink* (une émission de télé-réalité sur le tatouage sur la chaine Discovery), ainsi que sur l'invitation du tatoueur bostonien « Mike-the-Canman », également de grand talent.

J'aurai l'occasion, dès la page suivante, de revenir sur le principe des tatoueurs invités, les « *Guests* », comme on les appelle dans ce jargon de métier où l'on se pique volontiers d'anglicismes.

Pour moi, une des conventions auxquelles j'ai participé (j'ai oublié où exactement) fut aussi l'occasion de me conduire comme un idiot. Pour des raisons que je ne m'explique pas réellement, j'avais été très entouré durant l'évènement: clients en foule, admiration des collègues, photos flatteuses dans la presse. Mes chevilles se mirent à gonfler dans des proportions sans commune mesure avec ce que la décence tolère habituellement. J'étais gonflé par l'orgueil, puant de vanité. Sur le chemin du restaurant, Éveline (ma future épouse), qui était présente, m'apostropha durement: « Hé la, t'arrêtes un peu, là, c'est bon, on a compris que t'es le meilleur, maintenant, ça suffit ». La leçon porta ses fruits, heureusement! À méditer de toute urgence, la maxime rapportée par Kipling: « Plus le singe monte haut, plus il montre son cul ».

Je serai donc par ailleurs moi-même plusieurs fois invité à travailler dans divers studios, à commencer par Black Dragon Tattoo, un studio de Strasbourg qui présente l'amusante particularité d'être une véritable entreprise familiale: Jean-Paul, le patron, n'est pas vraiment un débutant, puisqu'il a connu les débuts de la profession dès les années soixante ; son épouse est à l'accueil et à la gestion des agendas, sa fille fait du piercing et son fils est apprenti tatoueur. C'est une affaire qui a de l'avenir, la famille ne comptant pas moins de onze enfants !

Je me suis rendu, chaque fois un peu plus d'une semaine, en tant que tatoueur-invité chez l'ami Jean-Paul. Il m'avait proposé de pioncer chez lui, mais bon, onze mioches, même quand on les aime, ça fait beaucoup. J'avais donc pris mes quartiers dans un hôtel sans étoile du quartier de la gare. J'aurais pu prétendre à mieux, car le studio de Jean-Paul tournait plein pot, et j'y gagnais très confortablement ma vie, mais il avait l'avantage de n'être pas loin du shop.

Strasbourg est une bien jolie ville : on y mange très bien, y boit mieux encore, mais au point de vue ribote et fiesta, ce n'est pas extraordinaire. Il faut dire que dans ma ville natale, les bistrots sont des lieux de haute convivialité, et celui qui n'est pas un autiste social, quand il passe la porte d'un bar, sait bien qu'il finira la soirée à taper la discute en buvant des coups avec des gens qu'il ne connaissait pas l'heure d'avant. La tournée générale est un art que le Bruxellois pratique avec bonheur ! Rien de tel là-bas, hélas ! Ou alors je n'ai pas trouvé les bons endroits. Bref, en soirée, je me faisais tartir un poil, autrement dit, je m'emmerdais !

La troisième année où je me pointai comme artiste invité au Black Dragon Tattoo, je venais de me faire lourder par ma régulière et me trouvais donc célibataire. Le premier soir, après une copieuse choucroute, je traînais mon spleen et mon ennui sur les trottoirs de cette ville, quand, dans une ruelle à l'écart, je me trouvai en face d'un bordel. Oui, un bon vieux boxon à l'ancienne ! Moi qui croyais que, depuis la loi Marthe Richard (la veuve qui clôt), ces vénérables institutions étaient interdites en France ! Je pousse la porte, motivé par le désœuvrement autant que par la curiosité, et à part le personnel, le désert de Gobi. Pas un client ! Pourtant, pour l'amateur de folklore, cette maison close valait le déplacement : du traditionnel, un vrai décor de roman policier !

La maquerelle, qui devait bien peser un bon quintal, maquillée comme une bagnole volée, trônait derrière le comptoir, sanglée dans un tailleur deux-pièces assez vaste pour servir de tente à une tribu de bédouins, et surveillait son cheptel péripatéticien réduit au chômage technique. Son mac, qui se la jouait voyou à l'ancienne, façon avant-guerre, arborait la casquette de rigueur, le marcel blanc sale et le pantalon largement remonté sur un petit ventre en forme d'œuf au moyen de larges bretelles de couleur indéfinissable. Pour un poil et sans effort d'imagination, tu te serais cru en plein cinéma d'Audiard, avec Jean Gabin, Lino Ventura et deux ou trois anciens se sifflant le pastis de l'apéro !

Deux putes complétaient le tableau : l'une, maigrichonne, faisait des réussites avec l'air aigre qu'ont les gens qui remplacent le café-croissant du matin par un grand bol de vinaigre froid. L'autre était une dodue vêtue de la petite robe noire indispensable à toute garde-robe féminine qui se respecte, dans une version minimaliste. Elle avait ce joli visage qu'ont souvent les dodues qui savent sourire et en deviennent sexy. Alors que je buvais une bière au comptoir, ce fut elle qui, comme il est de coutume dans ce genre d'endroit, me proposa de lui offrir un verre. Un quart d'heure plus tard, moyennant une bouteille de mauvais champagne casquée au prix fort de trois cent cinquante euros, elle m'accompagna dans un petit salon, séparé de la salle principale par un simple rideau noir et sobrement meublé d'un canapé en similicuir et d'une table basse, me précisant que la loi et les règles de la maison lui interdisaient d'aller plus loin que la culotte. Comprendre : je fais tout ce que tu veux, sauf ôter celle-ci.

Une chose en amenant une autre, et puisque, finalement, j'avais casqué le flacon, je l'entrepris à ma manière, directe et vigoureuse. Au moment fatidique où j'allais parvenir à mes fins, la bordelière crut utile de nous interrompre, histoire de rappeler les règles et de me proposer une autre bouteille à 350 pions. Au diable l'avarice, allons-y pour une seconde. Je parvins tout de même à mes fins, et à deux plombes du mat', heure de fermeture de l'endroit, je fus mis gentiment à la porte, plus léger du prix de ce champagne dégueulasse et du contenu de mes valseuses.

Cheminant vers mon hôtel crasseux, il me prit l'envie d'une clope. Fouillant ma poche à la recherche de mon paquet de sucettes à cancer et de mon fidèle Zippo, je trouvai une enveloppe contenant sept cents euros, ainsi qu'un petit papier sur lequel, écrit de cette écriture ronde qu'ont certaines nanas (celles qui écrivent à l'encre turquoise et dessinent des cœurs sur les i), se trouvait une adresse. Quinze minutes pour trouver un taxi, quinze autres minutes de trajet, et je sonnais à la porte de la demoiselle, qui m'accueillit avec un baiser, un repas léger constitué d'une salade de pommes de terre et de quelques tranches de rosbif froid accompagnées d'une bouteille d'un excellent pinot noir, une spécialité locale. Après quoi, elle m'offrit à nouveau ce que son métier faisait payer aux autres, gratuitement cette fois.

Au cours des ébats en question, sur lesquels je laisse ton imagination polissonne turbiner, je découvris un petit tatouage: la belle avait été de ma clientèle! Le lendemain matin, avec sa voiture, nous allions chercher mes bagages à l'hôtel, et j'aménageais chez elle pour la semaine. On trouve, sur certains trottoirs, de bien belles fleurs. Ce fut donc par le biais du tatouage que je vécus une semaine comme un Julot-casse-croute, un souteneur à la petite semaine de roman! C'est peut-être bien de cette époque que je tiens le fantasme d'acheter une paire de pompes bicolores, la godasse indispensable de la panoplie du souteneur Belle Époque !

Plusieurs mois après cette aventure, je reçus des nouvelles de la belle, qui avait laissé tomber le tapin pour se recycler dans l'administration pénitentiaire, comme gardienne. En fait, j'ai toujours eu beaucoup d'estime pour les dames qui font profession d'escalader les braguettes, et je n'en ai jamais rencontré qui n'aient un cœur d'or. Je pense à Françoise, qui m'offrit un resto consolant le soir de mon divorce, ou à Rachel.

Rachel, justement, encore une cliente. Exilée du Midi de la France dont elle avait gardé l'accent fleurant bon l'ail et le romarin, cette ancienne pintade du quartier « Chicago », le quartier chaud de Toulon, était surnommée au studio « la marchande de poisson », en référence au film *Borsalino*, avec Bébel et Alain Delon : tu te rappelles la scène au marché au poisson de Marseille ? Si tu n'as pas vu le film (ce qui est dommage), essaye d'imaginer une joyeuse luronne aussi forte de caractère que de physique, parlant haut, criant plus haut encore, le tout à grand renfort de gestes et de mimiques expressives. Tu y es ? Bon, ça te donne une idée du personnage !

Imagine maintenant la Rachel qui se pointe au studio, juste au moment où deux gamines BCBG, accompagnées comme il se doit de leur gentille maman, posent des questions sur l'opportunité de se faire placer un brillant dans le nombril pour l'aînée et de se faire encrer une calligraphie asiatique signifiant « amour » pour la cadette. Arrive alors Rachel, en tenue de travail, de prostituée je le rappelle, toute en seins et en fesses et maquillage de combat, et qui gueule :

— Ho putain, Jean-Mi, j'en ai marre de toutes ces salopes de polacks !

— Salut Rachel, qu'est ce qui ne va pas ?

— Vé, ces pinçoutes, elles se font baiser à deux pour mille balles, ça me gâche le métier !

Grosse ambiance !

Heureuse époque, pas si lointaine, où, parmi les fleurs du bitume, on trouvait encore des phénomènes de cet acabit. Heureuse époque surtout, car quand la Rachel et ses consœurs débarquaient au studio dans lequel la jeunesse branchée commençait à poindre son nez mignon, elles créaient l'évènement.

Les apprentis

Il est maintenant plus que temps de parler des apprentis. C'est l'un des sujets de conversation favoris lorsque deux tatoueurs discutent métier, ricanant entre eux des gaffes, bévues et boulettes que commettent, avec une régularité qui force l'admiration, les jeunes qu'ils ont accepté de former (louée soit leur bonté).

Je l'ai déjà évoqué plus haut, il est temps d'en reparler pour décourager les vocations d'ignorants (je n'hésite pas à le dire) : seul un apprentissage rigoureux auprès d'un professionnel de qualité permettra au candidat de devenir un artiste correct. Avant d'entrer dans le détail, de narrer avec force bons mots quelques anecdotes croustillantes et comiques, les turpitudes et péripéties des jeunes illuminés du bulbe qui ont l'inconscience de débuter une formation de tatoueur, posons quelques préliminaires.

La profession souffre, en effet, de l'image qu'en ont les clients. Le tatoueur est vu comme un artiste sympa, au centre d'un mouvement de mode qui s'amplifie année après année. On le voit donc comme un gars (ou une fille) peu soumis à des horaires, lesquels ne semblent de toute façon pas trop contraignants. Pas de *dress code*, le tatoueur, non seulement, n'est pas tenu à la rigueur du costard-cravate, mais a le droit d'avoir des cheveux roses si le cœur lui en dit, d'avoir les oreilles (et le reste) abondamment garnies de bijoux divers, voit des jolies filles en petite tenue (et a même le privilège de les toucher), et en plus, il gagne des sous !

Là aussi, il y a confusion : le jeune qui paie cent euros pour son petit tatouage confond bien souvent recette et bénéfice, croyant dans sa naïveté que les cent euros en question vont directement dans la poche de l'artiste. C'est ignorer les frais, loyer, achats d'encre et de matériel, sans compter la très large ponction qu'effectue l'État dans le portefeuille du travailleur indépendant. La profession est tout de suite moins attrayante, pas vrai ? En réalité, c'est un boulot comme un autre (enfin presque), qui réclame constance, sérieux et professionnalisme. Il y a peu d'appelés et encore moins d'élus.

Pour un jeune, trouver une place d'apprenti est un véritable parcours du combattant, beaucoup s'en plaignent, du reste. « Il y a une limite gauche et une limite droite. Ceux qui sortent de ces limites, je les remets dans l'axe à ma manière », ont coutume de hurler les instructeurs commandos aux recrues. Cette maxime prend tout son sens, également, dans l'apprentissage du tatouage.

Pour commencer, il faut trouver une place d'apprenti dans un studio valable. Un apprentissage sérieux dure dans les trois ans, à l'issue desquels l'apprenti s'engage, normalement, pour une période de même durée, à travailler dans le studio de son « maitre ». Hé bien oui, qu'allais-tu imaginer, jeune candidat/ padawan ? Que les tatoueurs sont l'équivalent « rock and roll » de l'UNESCO, des pélicans ou des disciples de saint François d'Assise ? (J'emprunte, sans vergogne, ce petit bout de phrase à Michel Audiard : on a les références qu'on peut, et celle-là en vaut bien d'autres) Pas de chance : on n'est pas au pays des Bisounours (je crois que je te l'ai déjà dit, non ?) ou des petits poneys ! On ne va donc prendre un apprenti que si on en a besoin, autrement dit, si l'on a assez de boulot pour en avoir la nécessité, pas pour le plaisir altruiste de mettre un concurrent de plus sur le marché.

Ensuite, il vaut mieux être déjà ami avec un tatoueur et avoir une réelle capacité à s'intégrer à une équipe constituée de gens qui travaillent ensemble depuis des années. Ça peut paraitre une évidence, et je n'ai jamais entendu parler d'un candidat à l'engagement, dans quelque métier que ce soit, qui annonce, tout de go, être incapable de faire preuve de sens de l'intégration. T'imagines un peu l'entretien chez le DRH ?

— Êtes-vous capable de vous intégrer à une équipe existante ?

— Non, pas du tout, socialement, je ne suis pas loin d'être un autiste !

Pourtant, même dans un métier où la communication est primordiale, certains n'en ont pas conscience ou ne le veulent pas. Il me vient là le souvenir d'une apprentie à qui cette qualité manquait cruellement. Cette jeune fille, embauchée par l'ami Carlo, n'avait d'yeux que pour celui-ci, estimant n'avoir de devoirs qu'envers lui. Elle occupait une place quelque peu envahissante au comptoir, harponnant tout client potentiel à son seul bénéfice, tentant de mettre la griffe sur mes clients aussi, se montrant, dans le cas contraire, à peine polie (pour ne pas dire plus). Désagréable, critiquant tout ce qui ne venait pas de Carlo, refusant même de me dire bonjour, vint fatalement le jour où je lui fis une mise au point assez sèche. Elle n'est pas restée bien longtemps ensuite. Son erreur saute donc aux yeux : ne s'intégrer qu'à 50 % de l'équipe. Elle croyait être chez Carlo, alors qu'elle était chez nous.

Donc, s'il faut connaitre préalablement les tatoueurs de l'équipe et s'entendre avec eux, il est fort logique de dire qu'une lettre de motivation et de candidature, accompagnée d'un CV, est totalement inutile. J'en reçois pourtant un certain nombre tout au long de l'année, et des gratinées, certains jeunes rêveurs s'imaginant sans doute que, la profession de tatoueur étant différente (et c'est un fait) de celle de secrétaire de direction, la politesse élémentaire de l'orthographe et de l'expression correcte n'est pas de mise.

Je reçus, il y a quelques années, la visite d'une dame, visiblement une grande bourgeoise, bien sapée, dans le genre austère, mais branchée (si tu vois ce que je veux dire : on a du fric et du snobisme, mais aussi des bottes en caoutchouc pour la campagne et un panier en osier pour aller au marché bio), qui m'apostropha de belle façon sur mon savoir-vivre, coupable que j'étais, à ses yeux, de n'avoir point répondu (même par la négative) à la lettre de candidature spontanée de son illustre rejeton, la prunelle de ses yeux, la destinée d'une profession pleine d'avenir. Par bonheur, dans mon tiroir, se trouvait la lettre en question. J'étais en rogne, car j'ai horreur qu'on me snobe : attends mémère, ce n'est pas parce que ton amant t'a fait découvrir Manu Chao et que tu portes une Rolex pour homme que tu vas pouvoir me souffler dans les alvéoles ! Je me fis un plaisir de mettre sous ses yeux médusés la bafouille du moufflet. Elle était libellée ainsi (orthographe d'origine respectée) :

« *Kikou,*

Je m'appel Gérard et j'ai 21 ans.

Je vous ecrit parce que je voudrait faire tatoueur parce que c in métier cool et que je suis super bon pour le dessin. J'ai déjà 2 tattoo : une tribal sur l'omoplatte droite et un insigne chinois sur le pec et je suis super motivé.

Avant ça, j'ai essayer de faire des etudes de droit mais j'ai arreté après un an. Après j'ai essayé des étude de tourisme mais sa me plait pas. lol

J'ai déjà dessiné pour le tatouage de ma copine mais elle l'a pas encore fait. Mdr

Mes hobby sont le dessin, la musique et le combat medievale.

Vous pouvez me téléphoner pour me dire si vous etes d'accord au....................... »

Édifiant, non? Elle me prend pour quoi, la rombière bourgeois-bohème? SOS ados en péril? Une annexe de la société protectrice des boutonneux? Parce que je n'ai pas de peine à me l'imaginer, moi, son chef-d'œuvre en péril! Des dreadlocks, une bobine de vainqueur acnéique et un appareil dentaire, une parka militaire américaine garnie d'un badge de Bob Marley, et une collection de bracelets en tissu, souvenirs des festivals de rock de l'été précédent: tout pour plaire. Les loisirs du greluchon aussi, je me les imagine: viré de chez les boy-scouts pour avoir fumé de l'herbe, jouant des bongos ou du Didgeridoo sur la pelouse soigneusement tondue d'un parc public des beaux quartiers en buvant de la bière avec ses potes, à moins qu'il ne massacre *Forbidden Games* à la guitare en se prenant pour Kurt Cobain. Trop con pour être altermondialiste, mais de gauche pour emmerder son paternel qui est de droite, joli tableau! Désolé madame, je ne donne pas dans le rattrapage des cas sociaux! Inutile de dire que ce petit poulet, sous les yeux de la brave dame, consternée, mit illico fin à ses récriminations et qu'elle partit, la honte au front, retournant, j'imagine, à l'éducation que j'ose dire négligée de sa progéniture.

Si une candidature est acceptée, vient ensuite le jour d'un entretien, que j'évoque déjà plus haut, et ici aussi, le postulant devra remporter l'épreuve avec succès. C'est aussi l'instant où l'on voit que certains ne manquent ni d'air, ni de culot.

Je me souviens, entre autres, d'une candidate qui ne manquait pas de qualité, présentant un *press book* de qualité (c'est là une condition *sine qua non*, un certain nombre d'éliminés d'office se présentant sans ce précieux sésame) et ayant déjà une bonne expérience en matière de tatouage, comme en témoignait, justement, son carnet, dans lequel figurait une cinquantaine de photos de petits tatouages fort proprement réalisés. Tout allait bien pour elle, et nous étions prêts à lui donner la place vacante, au moment où, moderne kamikaze, elle saborda toutes ses chances en posant ses conditions (elle eut l'honnêteté de le faire) :

– trois mois de vacances, lesquelles devaient commencer pour elle le lundi suivant,

– un statut d'employé avec la couverture sociale y afférant !

– un horaire limité à trois jours par semaine.

Risible ! Qu'un candidat, dans une filière de métier plus traditionnelle, doté d'un curriculum vitae impressionnant, bardé de références prestigieuses et de diplômes brillants, pose quelques conditions, c'est bien normal, et je peux le concevoir sans peine. Mais que le (ou la) postulant(e), même doué(e), à une place de débutant se la joue *prima donna*, cela témoigne, soit d'une confiance en soi pour le moins excessive, soit d'un sens des réalités qui me laisse un poil rêveur ! Bye bye la belle, et bonne chance à toi, mais pas chez nous !

Enfin, si le candidat à l'apprentissage passe ce cap victorieusement, débute une période d'essai, destinée à voir si ça « colle » entre nous. Sur la douzaine d'apprentis ayant commencé leur formation avec moi, deux seulement sont réellement devenus tatoueurs, dont, bien sûr, Carlito, qui est devenu mon ami, collègue et associé, et Olivier, dont le seul tort à mes yeux est de n'avoir pas respecté son engagement de travailler avec nous un temps minimum à l'issue de sa formation. À l'époque, je montais un second studio de tatouage sous la responsabilité et la gérance de mon épouse, et je n'avais, primitivement, pris un apprenti que dans cette perspective. Cette formation fut donc une perte de temps et de fric. Passons, car c'est un brave gars et c'est devenu un tatoueur de valeur.

Je reconnais ne lui avoir jamais signé de contrat : Carlo, Pierre et moi avons toujours pensé qu'une poignée de main engage au moins autant, sinon plus, que des signatures sur un papelard. Le meilleur des contrats est moral : le seul papier qui fait de nous des associés est le bail du magasin, et cela n'a jamais posé de problème. Olivier est sans doute d'une autre génération (ça y est, je me remets à causer comme un vieux kroupouk. Qu'est-ce que tu veux, l'âge est là, pas vrai ?) À part eux, la plupart a vite pris la poudre d'escampette (ou nous les y avons aidé).

Quelques souvenirs, en vrac, d'apprentis n'ayant pas fait long feu.

Il y avait une nana, un peu le genre hippie façon amérindienne : sac à main à franges, gilet en daim garni de conchas et boucles d'oreilles en argent représentant des plumes, elle portait quelques tatouages (attrape-rêves et empreintes de loup). Nous l'avions rapidement surnommée « petite squaw ». Estimant que les besognes traditionnelles des apprentis n'étaient que moyennement en accord avec sa condition de fière pseudo-descendante des fougueux guerriers des plaines, elle se mit hardiment au turbin en faisant, comme je le lui indiquais, du calque.

Seulement, la persévérance n'était pas sa qualité principale : au bout de quatre jours de labeur peu acharné, elle n'avait pas réussi à calquer plus de cinq ou six modèles de fort petite taille, et ce pour une raison bien simple : elle dormait. Oui, elle dormait, au sens propre du terme, et ce fut Pierre qui, s'apercevant que la belle ronflait comme un sonneur, la réveilla (avec ménagement, nous ne sommes pas des rustauds) pour lui dire que, si c'était pour dormir, elle ferait mieux de rester chez elle, où il y avait sans doute un lit et des coussins, garants de confort et permettant un sommeil bien plus réparateur. Pierre est un être délicat, moi, je lui aurais plutôt conseillé de rester dans son bain, pour y faire des bulles !

« Petite squaw » nous quitta, furieuse. J'appris par la suite qu'ayant trouvé une place dans une chaine de magasins de parfumerie, elle s'y répandait en invectives sur les tatoueurs en général et moi en particulier, puisque nous avions eu l'audace, par sexisme brutal et misogynie, de la virer, confirmant par là notre statut de peu galants hommes, pour ne pas dire d'infectes machos. Elle se fit du reste prestement recadrer par la gérante d'un desdits magasins, qui était une de mes clientes et qui lui fit remarquer que nous n'étions sans doute pas si machos puisque nous lui avions offert sa chance. Et c'est ainsi que se termina l'épisode « Petite squaw » ! Cette aventure n'avait duré que quatre jours et c'est, en soi, un record ! Même le candidat suivant dura plus longtemps, c'est-à-dire une semaine.

Celui-là ne resta pas assez longtemps pour se gagner un surnom, appelons-le J., ce qui était l'initiale de son prénom. Déjà l'épiderme bien encré et présentant un classeur de dessins plutôt fourni, J. était plutôt sympathique, encore que, me sembla-t-il rapidement, pas trop porté sur l'effort. Enfin, nous lui offrions sa chance, tout le monde peut y avoir droit (parfois).

Dès les deux premiers jours, J. se distingua par sa très relative notion de l'exactitude et de la ponctualité. Il me semble que ne commencer à bosser qu'à onze heures du matin, c'est pas le bagne, pas vrai ? Un grand nombre d'entre vous, toi aussi, peut-être, lecteur, débutent leurs journées de labeur acharné plus tôt que ça, non ? Hé bien pour maitre J., il faut croire que l'heure en question était sans doute encore trop matinale !

Le vendredi de la semaine où il prit ses fonctions, je devais m'absenter, et ce fut Pierre qui me joignit sur mon téléphone portable.

— Jean-Mi, tu peux venir au studio s'il te plait ?

— Écoute mec, je suis en congé, là !

— Oui, je sais bien, mais bon, c'est à cause de J., et…

Pas vraiment de bon poil, je l'avoue, j'arrivai en fin de journée, trouvant la situation un peu tendue, avec la ferme intention de passer un savon d'anthologie au coupable, quel qu'il soit !

— Alors, c'est quoi ce merdier ? J. ? EXPLIQUE-TOI !

— Ben alors voilà, je suis arrivé à seize heures…

— Comme ça, tranquille, comme une fleur ? T'as prévenu de ton retard ?

— Ben non, mais c'est pas si grave, quoi !

— Mouais, sauf qu'ici, le turbin commence à onze heures, autrement dit, tu te pointes au taf, avec, royalement, cinq plombes de retard, tu t'attends à quoi ? Des fleurs, des félicitations, un café-crème ? Pourquoi pas une pipe et un mars, tant que t'y es ? Enfin, soit, continue.

— Ben alors, je me suis installé dans un fauteuil, j'ai pris mon bouquin de Stephen King et PAF, voilà Pierre qui m'engueule, c'est injuste, j'ai rien fait, moi !

— Justement, t'as rien fait, c'est tout le problème. T'es ici pour apprendre, mon p'tit coco, ça signifie que tu arrives à l'heure et que tu as du boulot à faire, des résultats à obtenir, des objectifs à remplir, vu ? T'es pas là pour bouquiner !

— Mais tu bouquines bien, toi, pourquoi est-ce que moi j'en ferais pas autant ?

— Parce que moi, je suis déjà tatoueur, de une, et de deux, je suis l'un des tauliers ici, et de trois, tu es l'apprenti : ça veut dire que, quand on te dit de bosser, tu bosses jusqu'à ce que l'un de nous te dise d'arrêter !

— Mais…

— Sois tranquille, ça n'arrivera plus à partir de maintenant : je t'ai assez vu, tu prends la porte, et comme je suis un mec plutôt sympa, tu ne la prends pas dans la gueule. Dis pas merci, c'est cadeau ! CASSE-TOI !

Et un apprenti en moins, un ! Je devais encore, jusqu'à ce jour (qui peut prédire l'avenir ?), avoir quelques apprentis : l'un dont j'ai déjà brièvement parlé, Olivier, sur lequel je reviendrai, et l'autre que je désignerai également par son initiale. Pour le moment, je ne parle que des échecs plus ou moins folkloriques, et « Ol » est une réussite.

C'était après le départ d'Olivier, qui avait été formé dans un but précis : être le tatoueur titulaire d'un nouveau studio, projet sur lequel nous planchions depuis plusieurs années. La gérance du studio Blues Steel (nom choisi pour marquer la filiation et pour indiquer une orientation plus marquée vers le piercing) était confiée à Éveline. Elle, c'est un petit bout de femme qui est aussi une boule d'énergie pure. Elle a bossé au studio en faisant des remplacements et s'y est montrée plus qu'efficace. Elle fait du piercing comme une pro. C'est aussi ma future femme, la future mère de ma future fille, et, *in fine,* ma future ex-épouse. Bref, il manquait donc un tatoueur.

Un ou deux jours par semaine, je me chargeais des rendez-vous, mais me couper littéralement en deux *ad vitam æternam*, c'était hors de question ! Deux solutions possibles : trouver soit un tatoueur déjà formé, soit un apprenti ayant des bases correctes à perfectionner au fur et à mesure.

Un bon tatoueur, formé complètement, cela ne court pas les rues. L'un ou l'autre essai, peu concluants pour des raisons de personnalité, furent tentés. Pas question non plus d'offrir la place à l'un de ces nombreux tatoueurs à domicile qui, quoi qu'ils en disent, ambitionnent de bosser au grand jour : ce ne sont que des gribouilleurs de bas étage, n'ayant pas leur place dans un studio professionnel soucieux d'offrir un produit de qualité. Mieux vaut former un jeune, qui ne fera, les premiers temps du moins, que les petites pièces. Je fis donc (à nouveau !) courir le bruit dans le milieu que je cherchais un apprenti et acceptai, sans doute trop hâtivement, la candidature de S. Il présentait un *press book* correct, avait déjà une petite expérience et était doté, il faut bien lui reconnaitre cette qualité, d'une motivation sans faille, ce qui me parut de bon augure. Il fut donc pris (à l'essai, comme toujours en pareil cas) et mis au travail dans l'urgence. C'était un grand flandrin de 24 ou 25 ans, l'air un poil avachi qu'ont souvent les gens grands quand ils grandissent sans se muscler. Éveline, avec qui il bossait au quotidien, eut vite quelques doutes quant aux capacités réelles du garçon et m'en fit part. En effet, si le classeur à dessins de S. était fort bien garni, il ne se distinguait pas, durant la journée, par son ardeur à manier le crayon, revenant plutôt avec des projets qu'il disait avoir réalisés à domicile, et ce sous le prétexte qu'il se sentait mieux chez lui pour dessiner. Je lui fis faire une ou deux pièces sur la peau. Minuscules, il est vrai, mais à peu près concluantes ; par contre, ses talents de dessinateur ressemblaient de plus en plus à du bluff. Éveline, en sa qualité d'ancien officier de marine (à cette époque, puisqu'elle l'est redevenue), n'est pas une personne portée sur l'indulgence quant au bluff, et c'est là une de ses qualités. Dans des métiers qui réclament constance et régularité, dans la navigation maritime comme dans la responsabilité de faire une marque permanente sur la peau d'une personne, on ne bluffe pas : on est capable de le faire et on le fait, ou pas ! Et si l'on n'est pas capable, on dégage la zone.

Je testai donc encore un peu S. sur le papier, et l'évidence apparut, éclairée tel l'Arc de Triomphe un 14 juillet : mis au pied du mur, S. n'était qu'un bluffeur, son *book* une arnaque, et il prit lui aussi la porte, non sans avoir, de façon fort peu digne, supplié, pleuré et gémi. Le soir même, je reçois un coup de fil pas piqué des hannetons :

— Bonsoir monsieur, je suis le père de S.

— Ah bon ? Et que puis-je faire pour vous ?

— Rien. Vous vous êtes, je crois, privé des services de mon fils.

— C'est exact.

— Je suis expert-comptable et professeur de comptabilité à l'École supérieure de…, et je tiens à vous faire savoir que vous êtes redevable à mon fils de la somme de quatre cent cinquante euros, correspondant au travail que mon fils a effectué pour vous.

— Mon cher monsieur, il n'en est pas question : j'ai engagé votre fils à l'essai, et durant le temps qu'il a passé ici, il n'a strictement effectué aucun travail, ce qui est, entre autres raisons, la cause pour laquelle je n'ai pas poursuivi l'expérience. C'est une feignasse de belle ampleur, mais j'ignorais qu'il était syndiqué par son papa !

— C'est votre droit, mais vous devez savoir que le tarif en question est le strict minimum dont nous nous contenterons.

— Sans quoi ?

— Comme je vous l'ai dit, je suis expert-comptable, et je possède beaucoup de relations, j'ai le bras très long, et le fisc pourrait bien s'intéresser de très près à vos affaires.

— Monsieur, mon erreur a été de donner sa chance à votre fils, qui ne s'en est pas montré digne. Maintenant, le rêve de devenir tatoueur est celui de votre fils. Moi, je m'en fous : je suis déjà ce qu'il veut être. J'ai, moi aussi, des relations, des relations dans le milieu du tatouage, relations auxquelles je ne me priverai pas d'expliquer votre démarche, ce qui, j'en suis bien certain, pourrait bien les dissuader de faire la même erreur que moi. Faites-moi des ennuis fiscaux, et croyez bien que jamais aucun tatoueur ne redonnera sa chance à votre indigne rejeton.

— Des menaces, ai-je bien entendu que vous menacez mon fils ?

— Hé quoi, mon bon monsieur, ne venez-vous pas de me menacer moi ?

— C'est lâche, monsieur, de menacer mon enfant !

— Monsieur, premièrement, si j'avais su que c'était un enfant, jamais je n'aurais tenté de lui donner un travail d'adulte. Deuxièmement, la lâcheté ne consiste-t-elle pas à me menacer via vos soi-disant relations ? Venez donc en personne et vous pourrez parler de lâcheté !

— Je me suis emporté, payez et nous n'en parlerons plus.

— C'est hors de question, si S. veut de l'argent, qu'il vienne me le demander en personne, comme l'adulte qu'il dit être et qu'il n'est vraisemblablement pas. Sur ce, je ne vous salue pas.

Ceci démontre, si besoin est, que la crapulerie ne s'exprime pas que par la voix de l'argot : il est bien des canailles qui ne parlent qu'un langage châtié, ce que je peux aussi faire, quand le besoin s'en fait sentir.

Quelques mois après cet épisode, j'ai dû fermer Blues steel, non que l'affaire n'était pas rentable, mais pour d'autres raisons qui n'ont rien à faire ici. L'affaire fut vendue sans perte et sans autre bénéfice que d'avoir permis à Éveline d'en vivre durant presque deux ans, ce qui, en soi, n'est déjà pas si mal.

S., lui, est finalement devenu tatoueur ; finalement, son gentil petit papa n'ayant pas osé mettre sa menace à exécution (ce qui ne m'empêche pas, comme tout le monde, d'avoir de temps à autre, un contrôle fiscal), je n'ai pas trouvé utile de briser davantage les rêves d'un jeune un peu inconséquent (probablement plus con que séquent, si j'ose ainsi dire) et affligé d'un tel paternel comme d'autres le sont de bégaiement : c'est pas forcément de leur faute, pas vrai ? Toutefois, le seul studio qui a bien voulu de lui est un studio qui travaille à la chaine et où les rares artistes de qualité ne font pas long feu. Il m'arrive, certains soirs d'été où je déguste un verre de rosé bien frais à une terrasse proche, de le voir passer. Jamais il n'ose lever les yeux sur moi ou m'adresser la parole, et c'est fort sage de sa part. Je préfère regarder passer les filles, ça, au moins, ça me repose !

Comme je l'ai dit plus haut, toutes mes expériences ne furent pas négatives. Revenons donc maintenant à Olivier, qui est, en fait et si l'on excepte Carlito, le seul tatoueur que j'aie formé ; encore que je ne l'ai pas formé seul, mes comparses ayant plus que leur part de responsabilité dans ce succès. Ah, si Olivier avait eu le respect de sa propre parole, il serait aujourd'hui certainement le patron de Blues steel. Sans doute ai-je une part de responsabilité dans l'échec de cette partie du programme, ayant eu le tort de n'avoir pas été suffisamment clair et ferme. Je l'ai dit plus haut, je suis de ces êtres passéistes (les gens qui m'aiment bien disent que j'ai la mentalité « *old school* ») pour lesquels une poignée de main est un contrat.

Par où donc commencer pour décrire Olivier ? Physiquement, un grand type, tatoué jusqu'au trou de balle, éternellement enthousiaste et souriant (bien des fois, au cours de sa formation, son enthousiasme et sa bonne humeur le sauveront d'un salutaire et bienvenu coup de pied au cul). Psychologiquement, un grand ado, avec une motivation en béton, et ça, il lui en a fallu, parce que, pour un enthousiaste de son acabit, il avait beau nous connaitre, le choc fut quand même important !

Le choc, c'est la réalité du tatouage tel qu'il est, et non tel qu'on le voit de l'extérieur. Du dehors, ça parait bien cool de gagner sa vie en dessinant : on reste en jeans t-shirt au boulot, on fait des pauses café-clope, et de jolies filles nous montrent une partie de leur charmante anatomie qu'on a même le droit de toucher. Et puis les collègues sont sympas, rigolent, le tout dans une bonne ambiance avec du rock and roll. Ouais, sauf que passer derrière le rideau, c'est un peu moins cool, surtout quand on est apprenti. Le tatoueur sympa qui prend la vie relax se transforme en professionnel exigeant, un emmerdeur patenté qui veut du résultat, du concret, et qui n'hésite pas sur la petite claque sur la nuque quand il le juge nécessaire ! Ne crois pas, lecteur incrédule, que c'est l'agent très spécial Leroy Jethro Gibbs, du NCIS, qui a inventé la claque derrière la nuque : en réalité, c'est moi qui lui ai donné l'autorisation de copier ma p'tite manie !

Pour Olivier, cette leçon a eu souvent du mal à passer, mais, contrairement à beaucoup d'autres, il a fait triompher sa volonté, a serré les dents, et est devenu un tatoueur, un bon tatoueur même ! Je voulais qu'Olivier soit bien formé, de façon complète, pas à la va-vite, dans une urgence qui n'a aucune raison d'être. On a donc pris le temps de faire les choses bien, étape par étape, à l'ancienne, en s'assurant à chaque pas de la solidité des acquis. On peut dire que je voulais qu'il soit formé mieux que je ne l'avais moi-même été.

Ça commençait donc, inévitablement, par le calque, mais Olivier est rapidement passé à la vitesse supérieure parce que celui que nous avions vite surnommé « le disciple » sortait d'une école de dessin, ce qui est un avantage. Ce surnom « le disciple », ou plus simplement « Disciple », c'était une blague issue d'une bande dessinée (je suis belge, après tout !) dans laquelle un disciple gaffeur de Leonard de Vinci disait « Je sers la science et c'est ma joie », ce qui est devenu un leitmotiv, un mantra à répéter chaque jour chez nous, que nous avons bien sûr adapté : « Je sers le tatouage et c'est ma joie ».

Chaque jour, j'arrivais donc au studio vers dix heures, me faisais un café, lisais mon journal (une vieille habitude), puis Olivier arrivait vers la demie, toujours un peu surpris de voir le taulier présent au taf avant lui. On buvait un café en écoutant notre classique morceau de « street punk » matinal (nous avions des goûts musicaux communs), et, l'air de rien, sans stress ni pression, je faisais une critique de son travail de la veille, insistant sur le positif, d'autant plus si la veille en question il s'était fait remonter les bretelles. Ensuite, petit rappel des objectifs de la semaine et de leur état d'avancement, et, parfois, une claque derrière la nuque pour conclure.

— Oli, je t'avais dit quoi, déjà, à propos du gris ?

— Heu, que ça se fait en diluant du noir ?

— Et je t'ai dit quoi à propos du noir mélangé au blanc ?

— Que tu m'interdisais de faire ça sur les clients du studio…

— Pourquoi ?

— Parce que ça donne un résultat horrible ?

— Et tu croyais vraiment que je ne te verrais pas ? Tu me prends pour un jambon ? Pourquoi est-ce que tu l'as fait quand même ?

— Ben je voulais essayer !

— Quand tu seras le taulier, tu feras des essais si tu veux, et sur tes copains plutôt que sur les clients qui larguent du pognon, VU ?

— Oui.

— Ta nuque.

— Oui mais non mais si si (son expression favorite).

— Pas de pitié, Disciple, ta nuque !

CLAC!

Mais le disciple Olivier était un excellent élément. Au bout d'un an et demi, il se débrouillait plutôt pas mal. Seulement, il y avait un truc que je voulais absolument corriger : il copiait, involontairement, mon style, ma façon de dessiner. Je n'avais pas besoin d'un second Jean-Michel au studio, j'avais déjà du mal à supporter le premier ! Ma réaction, un peu inspirée par les Compagnons du Tour de France, fut simple.

En effet, les ouvriers et artisans, Compagnons du Tour de France, ont pour coutume de perfectionner leur art en voyageant de ville en ville, élargissant ainsi leur horizon professionnel. Je voulais faire faire au disciple un truc du même acabit.

Dans un premier temps, la fois suivante où Olivier me demanda de lui faire un tatouage, ma démarche fut de lui dire non et de l'envoyer derechef se faire tatouer chez un confrère, aussi éloigné que possible, histoire d'ouvrir un peu les yeux sur le travail d'autres professionnels. Ce fut Neusky, de Saint-Brieuc, qui se chargea de ça. Enfin, j'insistais pour qu'il cherche un studio, à l'étranger, où il pourrait rester un mois ou deux à travailler, toujours dans la même optique d'ouverture sur d'autres styles. Grâce à Phil Kyle, qui était un invité régulier chez Blues Tattoo, Olivier trouva bien vite un studio aux États-Unis qui accepta de l'employer un temps. Ce qui devait arriver arriva : ce grand vaurien trouva le moyen de tomber amoureux d'une Américaine et resta sur place. Comme on dit là-bas (et dans les aventures de Spirou), « quand le hamburger tombe, c'est parfois du côté de la confiture ! »

Depuis, je n'ai plus vraiment cherché à prendre un apprenti, et ce n'est, pour l'instant, pas à l'ordre du jour : dans ma ville, les studios de tatouage ont poussé comme des champignons. Des deux ou trois studios des années 90, nous sommes aujourd'hui passés à vingt-cinq, avec deux ou trois artistes par shop. Et je ne compte pas la quarantaine de tatoueurs clandestins ou à domicile (chiffres évalués par le ministère de la santé). De plus, chaque ville ou même village compte maintenant son tatoueur local. Ce n'est pas le moment, pour moi, de mettre une concurrence supplémentaire sur le marché. Peut-être dans quelques années, quand j'envisagerai de prendre ma retraite ?

Vedettes du show-biz, flics et voyous

Je passerai vite sur les vedettes du show-biz et autres célébrités, bien que ce soit une question que l'on me pose souvent : savoir si j'en ai tatoué. Pourquoi ? Parce que ces personnes ne désirent pas toujours faire état de leurs tatouages ou les montrer. Elles ont droit, comme vous et moi, à leur intimité. Le cas serait bien différent si l'un de mes clients (ou clientes) venait à exhiber son tatouage au public, sur une pochette de disque, par exemple, cas où les droits d'auteur viendraient à jouer, et il y a une jurisprudence à ce sujet.

D'ici là, circulez, y a rien à voir, ou du moins, pas de nom à donner. Je les traite par conséquent exactement comme mes autres clients. Il y a parmi eux tout à fait la même proportion de gens cool et bien éduqués que de pignoufs. Je me souviens, par exemple, d'une actrice comique qui réclamait une réduction parce qu'elle était elle, justement. Elle n'est évidemment pas restée longtemps au studio !

Je me rappelle un international de football, venu avec une belle blonde (que pouvait-elle bien lui trouver ? Il donnait l'impression d'avoir le quotient intellectuel d'une poule), d'un homme politique, avec chauffeur et garde du corps, d'un mannequin de mode, qui a depuis changé de métier et qui est devenu un pote, de deux membres d'un groupe de rock très connu, qui ont eu le bon goût de ne pas se faire reconnaitre, de ne pas se présenter comme tels, et de quelques autres encore… Je crois utile de préciser la chose, parce que j'en ai connu des moins gênés, qui n'hésitaient pas à se présenter d'entrée de jeu : « Bonjour, je suis machin, le chanteur du groupe bidule ». Ce qui tend à démontrer que le fric ne fait pas la bonne éducation, mais ça, tu le savais déjà !

Il y eu aussi un chanteur français très sympathique. Il enregistrait à Bruxelles, ville connue pour la qualité de ses studios d'enregistrement. Il était arrivé avec son bassiste, et c'était ce dernier qui voulait un tatouage. L'heure de la fermeture approchait, et si j'étais à ce moment célibataire et sans enfant, donc sans obligation pour ma soirée, je n'étais tout de même pas très chaud pour bosser encore presque deux heures. Le chanteur en question pigea vite le problème :

— Écoute, tu fermes ton shop, tu me files les clefs, et pendant que tu commences le tattoo de mon musicos, je vais chercher à bouffer, ça roule ?

— C'est bon pour moi !

À peine avais-je commencé le tracé du dessin d'une guitare électrique qu'il revint, porteur de deux paniers venant de chez l'un des meilleurs traiteurs de la ville, dont il tira, comme un magicien de son chapeau, pain, pâtés, confits et fromages, accompagnés de deux bouteilles d'un excellent Bourgogne. Je garderai longtemps le souvenir de cette star de la chanson française qui me confectionnant d'énormes tartines de rillettes et me donnant la becquée (j'avais les gants) tandis que j'encrais le bras de son bassiste. Le tatouage s'est terminé aux petites heures, car une fois mon travail fini, il m'entraina, avec son musicien, dans une tournée des grands ducs qui, rien que de t'en parler, me donne encore mal au foie. Là-dessus, tu n'en sauras pas plus !

Puisque j'ai parlé de nos amies les stars, on va faire un peu comme dans les magazines qu'il y a chez le coiffeur. Tu sais, ces illustrés que tu lis, que dis-je, que tu dévores tout en faisant semblant que tu ne les feuillettes que pour patienter, en faisant la moue de celui qui trouve ça nunuche ? Tu es d'accord avec moi, ces magazines-là, quand on a épuisé les pages « showbiz et célébrités », on passe à la rubrique « faits divers », les grandes enquêtes policières, pas vrai ? Hé bien passons aux flics et aux malfrats !

On n'exerce pas une profession comme la mienne durant vingt ans sans avoir, de temps en temps, affaire à la police. Je ne parle pas de mes nombreux clients flics, non, je parle bien des moments où c'était moi, ou nous, leurs clients. Il y eut bien quelques occasions où ces messieurs les Archers du Roy ont eu besoin du coup d'œil expert d'un tatoueur afin de les aider dans une enquête sur un cadavre tatoué, et je ne me considère pas comme un auxiliaire de justice pour leur avoir donné l'une ou l'autre indication en ces circonstances.

Un jour, alors que j'étais allé chercher je ne sais plus quoi au-dehors, je revins au studio, qui était littéralement envahi de lardus en civil, brassards « Police » au bras et calibres à la ceinture, qui commencèrent par prier très poliment deux clientes présentes de revenir à un autre moment. En présence de ces deux dames, ils refusèrent d'expliquer le pourquoi de leur action, puis, comme une nuée de sauterelles, ou plutôt de perdreaux, ils livrèrent le studio à une fouille en règle, systématique. Je n'étais pas inquiet, juste interloqué.

Quand ils me demandèrent mes papiers, innocemment (bien sûr), je leur donnai la pochette qui contenait, outre ma carte d'identité, ma carte de sous-officier. C'est là une petite ruse qui fonctionne encore parfois avec d'anciens membres de la gendarmerie, force qui, jusqu'il y a quelques années, faisait partie de l'armée. Avec un peu de chance, ils peuvent parfois considérer un sous-officier comme une variété lointaine de collègue. Ça peut aider. En tout état de cause (et comme la suite le démontrera), toujours rester courtois et détendu.

Une fois le magasin fouillé de fond en comble (j'ai, grâce à eux, retrouvé mon briquet et la somme de cinquante-trois francs belges sous des meubles), je fus emmené dans une voiture de police jusqu'à leurs bureaux, où j'eus la surprise de croiser une relation, patron d'un autre studio de tatouage. Lui arrivait menottes aux poignets et fermement maintenu par deux armoires à glace à l'air patibulaire. Il avait eu le tort, tandis que son studio subissait le même sort que le mien, d'ouvrir sa gueule, de se la jouer rebelle, bref, de faire le malin ! Tu percutes maintenant pourquoi j'insistais sur le fait de rester poli ?

Ayant donc fait, pour ma part, preuve d'une meilleure volonté (je fus relâché pas loin de deux heures avant lui et reconduit en voiture de police), j'eus la permission de fumer (heureuse époque), on m'offrit une tasse de café (ignoble mais passons), et un fonctionnaire de la grande maison commença mon audition dans le plus pur style local, façon « vous z'êtes né ousque quand comment pourquoi ? »

Dans les romans policiers, vient toujours ce moment où le flic fait monter de la brasserie voisine de la bière et des sandwichs, qu'il partage avec le suspect, lequel finit, au propre comme au figuré, par passer à table. Seulement là, je n'étais pas dans *Les enquêtes du commissaire Maigret* : je ne savais même pas ce que je foutais là.

On finit cependant par m'expliquer le fin mot de toute cette salade. Un gros dealer de drogue venait de se faire pincer, en possession, outre une grande quantité de la marchandise qui constituait son fonds de commerce (de l'ecstasy si ma mémoire est bonne), de ma carte de visite, de celle de mon collègue et d'un plan de la ville sur lequel nos studios étaient entourés d'une marque au crayon. À ces mots, je ne pus m'empêcher de rire.

— Et vous en avez conclu que j'étais moi-même un trafiquant de came ! Avez-vous seulement une idée du nombre de cartes de visite que je distribue chaque année ?

— Oui, enfin non, mais comme nous n'avons rien trouvé d'autre qui vous relie à lui, vous pouvez partir.

Et cette histoire en resta là !

Je me souviens aussi d'une autre histoire, plus drôle celle-là. Un jour, une dame très en colère débarqua au studio, accompagnée pour l'occasion d'un inspecteur de police, lequel avait l'air un peu ennuyé. Visiblement, la dame lui tapait sur les nerfs. Il avait l'air du fonctionnaire bon bougre (moustache et brioche comprises) à qui une emmerdeuse professionnelle fait perdre du temps et qui le met en retard pour l'apéro.

— C'est lui, monsieur l'inspecteur, qui a fait un tatouage hier sur ma fille mineure. Je porte plainte contre lui !

— Vous admettez les faits, monsieur ? me demande le flic.

En un éclair, je me remémorai les conseils de Jeff, l'ancêtre des tatoueurs bruxellois, en pareille circonstance : « Si tu nies, elle ne peut rien contre toi. Il est impossible de prouver que c'est toi qui as fait le tatouage. »

La veille, pourtant, j'avais bien eu une jeune cliente qui offrait vaguement une ressemblance avec la bourgeoise outrée et vitupérante qui me faisait face. Mais, va savoir pourquoi, dans un instant de méfiance et de lucidité (une prémonition sans doute), je lui avais demandé sa carte d'identité, sur laquelle elle apparaissait comme majeure, et en avais fait une photocopie.

— Vous savez, madame, commençai-je, si une gamine mineure se trimballe en ville avec de fortes sommes (le tatouage en question m'avait rapporté un joli pactole), il ne faut pas s'étonner qu'elle fasse des conneries. Car, enfin, elle n'a surement pas gagné autant d'argent en vendant des tartes aux pommes avec sa troupe de scouts, si ?

— Monsieur, je vous dispense de faire de l'humour ! me rétorque la revêche.

— D'accord madame. Vous êtes donc bien madame Langlois ? (nom d'emprunt, je ne me souviens plus du vrai) Et ceci est donc la carte d'identité de votre fille, Nathalie ?

— Ah mais non, c'est sa sœur Estelle qui s'est fait tatouer chez vous !

— Donc, voici ce qui s'est passé, madame. Sur une photo d'identité minuscule et en noir et blanc, deux sœurs, toutes deux blondes, se ressemblent tellement qu'il est presque impossible, même à un professionnel tel que monsieur l'inspecteur ici présent, de faire la différence. Telle sera donc ma ligne de défense.

— Imparable, dit le condé, en souriant dans sa moustache, car il voyait où je voulais en venir.

— Dès lors, voici ce que nous allons faire : vous portez plainte contre moi, et c'est très bien. Ce qu'a fait votre fille, qui n'ignorait pas que je refuse de tatouer les mineurs, ça s'appelle usurpation d'identité, faux et usage de faux, pas vrai, monsieur l'inspecteur ?

— Exact, fait le flic en jubilant visiblement, le fait que la carte d'identité soit authentique n'y change rien.

— Et donc, je vais derechef profiter de la présence de cet estimable fonctionnaire de police pour porter plainte contre vous, puisque votre fille est mineure et que vous êtes légalement responsable de ses actes!

— Oui, mais en fait, heuuuu, je vais plutôt retirer ma plainte.

— Peu m'importe, madame, moi, je vais immédiatement aller déposer la mienne. La machine est lancée, madame, la machine judiciaire, et qui peut dire où elle s'arrêtera!

La mégère poussa un grand cri et s'en alla en courant, suivie du flic qui n'osait rire trop fort!

De l'autre côté de la barrière, côté truands, les souvenirs ne sont pas tous aussi bons ou aussi comiques. Bien sûr, je garde un bon souvenir de cet ancien braqueur, plus ou moins à la retraite, qui était un bon client, paisible et tranquille, qui, ayant remisé son flingue et le lance-roquette antichar RPG7 avec lequel il ouvrait jadis les fourgons, ne montrait un léger agacement que lorsque flics et journalistes le reliaient à des faits récents. Il a depuis rendu son âme au diable, paix à lui.

Mais la génération montante des voyous nouvelle vague, issus des Balkans et de l'Europe de l'Est, est nettement moins paisible: pour eux, « non » n'est pas une réponse envisageable, car ils pensent que leur fric mal acquis leur ouvre des portes et leur donne des droits. Le jour où une bande de maffieux balkaniques qui faisait dans la traite des blanches eut l'ambition de faire marquer son cheptel d'aigles à deux têtes, ça aurait pu mal tourner: ce fut l'occasion de ressortir du tiroir ma vieille motivation plombée à manche de cuir. Ce n'est peut-être pas très légal, mais, parfois, ça aide. Cette époque-là est finie, et je ne la regrette pas!

Peu avant le changement de millénaire, un club de motards, ambitionnant de se faire accepter en tant que candidat à la légitimation – « prospect » est le terme en usage – par un club beaucoup plus important (l'idée, sans m'étendre outre mesure sur les coutumes et usages des clubs de « *bikers* », est qu'un club local, souhaitant être reconnu, voire intégrer l'un des « grands » clubs, comme les Hells Angel's par exemple, fasse preuve de « classe » et apporte quelque chose dans la corbeille de mariage : des parts dans un studio de tatouage leur avaient sans doute paru une bonne idée) imagina d'offrir une protection au studio, moyennant l'engagement d'un apprenti de chez eux, une légère contribution financière et des remises de prix pour ses membres amateurs d'encrage cutané. Avec l'ami Pierrot, à ceux-là aussi, il a fallu « expliquer » (parfois en tapant un peu, pas beaucoup mais un peu) ; on a fait ça en dehors du magasin, dans un autre quartier, histoire de ne pas effaroucher la clientèle !

Quelques années après cet épisode, j'ai eu comme clients des motards du club « au-dessus », et cette histoire (dont ils avaient reçu une version un peu différente) les a bien fait marrer. Ils sont devenus des clients courtois et bien élevés, qui sont toujours les bienvenus. Leurs démêlés avec la loi sont leurs problèmes, pas les miens ! Reste, hélas et comme partout, un certain nombre (en diminution, mais on n'est jamais à l'abri) de petits gars violents, souvent des camés ou des alcoolos, ou seulement des petits idiots qui osent…

Par exemple, un jour, alors qu'avec Pierre, nous prenions le premier café matinal, un gamin, dans les 17 ou 18 ans, entre, sort un calibre, nous braque et réclame la caisse. Je ne suis pas plus courageux ou inconscient qu'un autre, mais, va savoir pourquoi, sur le coup, j'ai vu rouge. D'une main, j'ai empoigné le flingue en le détournant direction le plafond, de l'autre j'ai cogné sur le gosse, et quand il a lâché sa pétoire, je l'ai empoigné par la tignasse. Un coup de genou dans le pif histoire de lui brouiller la vue, et je le jette dehors. Alors, le môme se met à brailler.

— Mais vous êtes timbrés, c'était juste une blague ! Je vais aller porter plainte chez les flics.

Effectivement, Pierre ramasse le pistolet et constate que ce n'est qu'un de ces jouets, très bien imités d'ailleurs, qui tirent des petites billes en plastique.

— C'est ça, gamin, va donc porter le pet chez les lardus, ils vont sûrement aimer !

Ils ne doivent pas rigoler souvent, au commissariat, mais s'il a vraiment osé aller y pleurnicher, j'ai l'impression que ces messieurs les Archers du Roy ont dû passer un bon moment avec celui-là !

« Alors voilà, m'sieur l'agent, j'étais tranquille, je ne faisais rien de mal, quand j'ai eu l'idée d'une super bonne blague : avec mon flingue, j'ai fait semblant de braquer un commerce, juste pour rire, quoi ! Puis voilà que l'autre grand salaud, là, celui qui fait trop le malin avec ses tatouages, il m'attrape et il me casse la gueule ! » On ne devrait jamais désespérer de la connerie humaine, elle est toujours prête à nous surprendre ! On n'est jamais déçu par les cons, ils parviennent toujours à trouver mieux (ou pire, c'est selon), et dans le genre, les nostalgiques de Pétain sont toujours prêts à en rajouter une couche !

Un jour, un gars me demande de lui tatouer un dragon sur l'omoplate. Une fois arrivé au premier étage, là où se trouve mon poste de travail, il fait mine de réfléchir, puis avec l'air du mec qui te propose de lui acheter des photos cochonnes, il me dit qu'il a changé d'avis et qu'il veut une croix gammée qui lui prendrait tout le dos. Moi, sans doute par manque de talent, je n'ai jamais su dessiner ces trucs-là. De plus, si je suis parfois obligé de côtoyer des cons, je ne me sens pas obligé de les aimer ou de leur permettre la familiarité : on n'a pas, eux et moi, biberonné au goulot de la même bouteille de schnaps ! Je refuse, d'un ton sec, mais le gars ne l'entend pas de cette oreille, et il insiste. Puis, alors que je le prie fermement de dégager mon horizon, il me sort une lame et se met en devoir de jouer les Siegfried, confondant sans doute le noir de la tenue de Zorro et celui de l'uniforme des « Panzers SS ».

Je suis, tu commences à me connaitre, un véritable modèle de patience et de pondération, mais il ne faudrait tout de même pas forcer le destin, pas vrai ? Je l'empoigne, après l'avoir débarrassé de cet objet pointu avec lequel il aurait pu se faire mal, et le balance dans l'escalier. Il atterrit à plat ventre devant le comptoir, à l'accueil, le souffle plus coupé que s'il venait de fumer un paquet complet de gitanes, et je lui vote d'autorité un bon coup de latte dans la boite à ragout, pour qu'il sorte du shop. Clopin-clopant, il se barre en me promettant de revenir en force avec ses potes. Ça fait plus de quinze ans désormais, et je l'attends toujours : ce genre de promesse, c'est comme celles des élections, ça n'engage que ceux qui y croient ! Là-dessus, cet animal de Carlo se met à rigoler comme une baleine.

- T'as même pas lâché ta cigarette !

Annick, la célèbre patronne du Hard Rock Market, une institution bruxelloise bien connue des membres des groupes de « metal » qui viennent de loin s'approvisionner en bagues à tête de mort et en ceintures à clous, qui est située à moins de cinquante mètres du studio, arrive sur ces entrefaites. Elle n'a vu qu'une partie de la scène et se met en devoir de m'engueuler copieusement : je ne suis qu'une sombre brute fasciste qui n'hésite pas à brutaliser les pauvres gens. L'éclat de rire est général, et il nous faut conter la totalité de l'histoire à une Annick médusée. Une personne aussi gentille et positive qu'elle a du mal à imaginer qu'un mec puisse avoir envie d'une croix gammée.

Il ne faudrait pas en conclure trop hâtivement que les studios de tatouage ne sont que repères à racaille et que la violence y règne en maitresse, ce genre d'incident reste fort rare, l'exception plutôt que la règle. Mais ce n'est pas le pays où tout est rose et bleu non plus !

L'élément féminin

Ah, enfin, lecteur (ou lectrice, y a pas de raison) lubrique, je sens que je vais capter ici ton attention ! Tu as aimé les anecdotes précédentes, et tu espères ici que je vais t'en livrer un lot de bien croustillantes, des histoires salaces, avec une série de gonzesses joliment perverses, des strings en dentelle, et de la coquinerie à foison. Le succès récent de bouquins porno-soft pour ménagères de plus de 50 ans n'y est pour rien : bien avant la parution de *Cinquante nuances de Grey*, tu étais déjà un porcelet, seulement maintenant, socialement, ça passe mieux, n'est-ce pas ? Vais-je combler tes attentes masturbatoires ou te décevoir ? Tu ne le sauras qu'en continuant ta lecture !

Commençons par les vendeuses qui, à l'époque où nous travaillions avec des catalogues, étaient, durant la belle saison, un élément incontournable du paysage tatouesque. Jusqu'à approximativement 2004, en effet, la plupart des studios de tatouage possédaient des tonnes de dessins, en catalogue, ce qui s'appelle dans le jargon, du « flash ». Les clients passaient alors de longues heures (source de perte de temps mais, *in fine,* de revenus) au comptoir, à consulter les catalogues et à faire leur choix. Internet, et c'est son avantage (j'y reviendrai ultérieurement), a permis de se passer, la plupart du temps, de cette étape. Pour décharger (sans jeu de mots, hein ?) les tatoueurs de cet indispensable mais chronophage passe-temps, une bonne vendeuse, particulièrement aux périodes d'affluence, était un atout non négligeable. Elle s'occupait de présenter les modèles, de conseiller les clients dans leur choix, de fixer les prix et les rendez-vous, de tenir les agendas, et veillait à la bonne marche de la partie accueil de la clientèle. Elle devait donc s'y connaitre en tatouage, connaitre les préférences et les spécialités de chaque tatoueur, ainsi que ses horaires. Ces petites nanas abattaient un boulot formidable et étaient donc payées en conséquence.

Je précise que le boulot, assez exigeant, ne convenait pas à toutes, donc soit elles faisaient l'affaire et restaient plusieurs saisons d'affilée, soit elles ne convenaient pas, et ne restaient que quelques jours, partant d'elles-mêmes. Je me souviens particulièrement de Cindy, une étudiante qui faisait si bien son travail qu'elle finit par y gagner beaucoup d'argent : nous la payions au pourcentage sur ce qu'elle vendait, et elle vendait bien, la bougresse ! Malheureusement, elle finit par être trop sure d'elle, la qualité de son travail en souffrit, et ses revenus aussi, ce qu'elle eut tant de mal à accepter que cela occasionna quelques frictions. Comme cela coïncidait avec la fin de ses études et son entrée dans sa vie professionnelle, elle nous quitta.

Éveline fut la suivante, et probablement la meilleure vendeuse que nous n'ayons jamais eue, au point qu'à l'ouverture (déjà évoquée) du nouveau studio Blues steel, c'était elle la gérante et l'associée à l'affaire pour moitié. Le fait qu'elle soit ma future épouse, s'il n'était pour rien dans ce choix, eut parfois des conséquences cocasses. Très professionnelle, elle ne se montrait toutefois pas vraiment aimable avec toute cliente (jolie) qui avait le malheur de me faire un sourire. Éveline pouvait alors indiquer de façon très nette sa marque de propriété, genre « défense de regarder le tatoueur, il est à moi et gare à qui y touche ». C'est ce qui m'amène à évoquer le point, très délicat, des amies, fiancées, épouses et concubines des tatoueurs.

Les femmes des tatoueurs sont des êtres d'élite, méritant au quotidien les plus grandes louanges. Chaque matin, elles voient leurs hommes partir au travail en sachant que, dans le taf en question, ils vont voir et toucher d'autres femmes, parfois fortement dénudées, et qu'en plus, ils seront gentils avec toutes ces clientes (c'est professionnel). Je n'ai d'ailleurs personnellement jamais connu de tatoueur n'ayant pas rencontré sa moitié dans l'exercice de sa profession, et ce fut également mon cas ! Elles doivent donc être capables de faire taire le très humain sentiment de jalousie qui les étreint : respect à elles ! Une femme qui réussit par conséquent à avoir une relation de plus de quelques mois avec un tatoueur est une héroïne et doit être saluée comme telle. Si, j'insiste !

La femme du tatoueur est une femme vraiment hors du commun. Elle fait souvent appel au talent de son homme pour se faire encrer des pièces ambitieuses, qui seront, en cas de rupture, les stigmates indélébiles d'amours déçues, avec lesquels elle devra continuer à vivre ; et ce, d'autant plus que ces tatouages, souvent d'un format conséquent, ne seront peut-être même pas finis au moment de la rupture ! Chapeau bas les filles, pour votre courage quotidien !

Imaginons, pour décrire une telle femme, un tatoueur célibataire. La cliente imaginaire d'une fin de journée est célibataire aussi, et jolie de surcroît. Elle veut un motif dans le bas du dos, et au moment de passer à la réalisation, elle est passablement stressée, d'une part parce qu'elle n'ignore pas que l'opération va se révéler un peu douloureuse, d'autre part parce qu'elle va se déshabiller (partiellement tout du moins) devant celui qui était, il y a peu, un parfait inconnu. Le stress de la douleur à venir s'ajoute à celui de la naturelle pudeur de la belle, mais le tatoueur est un professionnel, et il a l'habitude de gérer ça. Il est souriant et doux, ça fait partie de son métier ; la belle se dit qu'en plus, elle n'est certainement pas la première à se dénuder en partie devant lui. Le tatouage se passe bien, la dame est satisfaite et se trouve plus jolie lorsqu'elle s'observe dans le miroir mis à sa disposition. De fil en aiguille, voilà le début d'une relation qui s'installe. Plusieurs mois passent, les tourtereaux se sont plu, ont franchi les divers caps d'usage en pareille circonstance.

Comment pourrait-elle ignorer que, plusieurs fois par semaine, d'autres femmes vont se trouver en présence de son homme ? Clientes elles aussi, stressées également, dénudées peut-être ? La jalousie, ce poison, n'a plus qu'à faire son travail !

La situation se complique si le tatoueur n'est pas célibataire : sa compagne, qu'il a connu en la tatouant, vit avec lui, mais la relation, pour une série de raisons sur lesquelles je ne m'étendrai pas, n'est pas au beau fixe. Ce n'est pas forcément la faute de l'un ou de l'autre, c'est la faute des deux, ou la faute à pas de chance, ou la faute à la vie. Peu importe !

Imaginons, pour l'amour de la discussion, notre tatoueur, qui aime sa femme, n'en doutons pas pourtant, se trouvant en proie à une crise au sein de son couple. Depuis quelques mois, sa vie sexuelle est au point mort et, à son retour au domicile conjugal, c'est la soupe à la grimace. Ne pourrait-il pas être tenté lorsqu'une jolie cliente lui témoigne un peu plus que de la sympathie ? On pourrait en débattre à l'envi durant des pages, mais on sortirait du sujet.

J'ai le souvenir, que j'aie été célibataire ou non au moment des faits, de quelques drôlesses qui n'avaient pas froid aux yeux, mais mon vénéré grand-père (louée soit sa sagesse) avait un proverbe pour ce genre de circonstances : « Ne baise jamais une collaboratrice, ça fout le bordel dans le service, et ne baise jamais une cliente, parce qu'ensuite, tu peux t'asseoir sur les honoraires ! » J'ai toujours tenté de me conformer à ce sain principe, sans toutefois y arriver en période de célibat (je reste un mec, un vrai, avec du poil aux pattes et presque tous les défauts habituels de la gent masculine !)

Il y eut donc quelques situations où mon professionnalisme fut mis à rude épreuve (et le reste aussi), et d'autres où je n'ai eu aucun mal à résister, mais où le vrai test fut pour mon sens de l'humour. Ainsi, un jour, une cliente arrive, le genre joyeuse luronne, ayant la quarantaine avenante, dont le mari, durant le tatouage, était resté au bistrot non loin du studio. Alors que je lui encrais un dragon bleu sur la fesse droite, elle se mit à me proposer, en termes aussi crus qu'explicites, toute une gamme de prestations sexuelles variées, sauf, précisa-t-elle, la pénétration vaginale (elle n'excluait pas les autres) qu'elle réservait, par fidélité, se crut-elle obligée de préciser, à son mari.

Un autre jour, une cliente m'avait demandé de lui tatouer une petite rose sur le pied. Comme je lui tournais le dos, afin de dessiner la rose en question sur un morceau de papier, elle me demanda quels étaient les vêtements qu'elle devait retirer. Je lui répondis sur un ton de plaisanterie : « Bah, tous, garde donc juste tes boucles d'oreille ». Lorsque, mon dessin fini, je me retournai pour le lui montrer, elle me fit un grand sourire. Elle m'avait obéi à la lettre.

Il y eut encore cette charmante petite rouquine à qui j'avais fait une rose noire sur la cheville. Préalablement à l'opération, elle me demanda si je trouvais sexy un tatouage à cet endroit de son anatomie. Je m'en tirai par une vanne commerciale : « Tellement sexy que si tu reviens un jour, évite la jupe et les bas noirs : on le verrait par transparence, et je risquerais d'oublier que je suis censé me conduire comme un gentleman ». Le surlendemain, la jolie rousse revint au studio, porteuse d'un mini (très mini) kilt écossais et de bas noirs. Avec un sourire mutin et abondamment maquillée, elle m'informa que, de plus, elle avait oublié de mettre une culotte, affirmation qu'en s'asseyant et en croisant haut les jambes elle confirma. J'étais marié au moment de ces faits. Marié, oui, mais homme tout de même, ce qui signifie que la tentation était forte, et pour être franc, ça devait se voir sur mon visage habituellement serein. Bref, je dus déployer toute ma diplomatie et un doigt d'hypocrisie (d'hypocrisie, le doigt, lecteur à l'esprit pervers, seulement d'hypocrisie) pour me tirer d'embarras tout en permettant à la demoiselle de sauver la face.

Une autre encore, très (trop peut-être) jeune, voulut en fin de journée parier avec moi qu'elle était capable de se mettre nue en moins d'une minute. Pari vain, que je trouvai quelque peu sans intérêt.

Des histoires comme celles-là, je pourrais en raconter des dizaines, des tétra-chiées, et ce serait sans réel plus-value pour ce bouquin, par ailleurs de haute tenue ! De plus, je suis bien certain que la plus grande partie de mes confrères en possèdent un répertoire, tout aussi salé et étendu. Il serait, et j'en remercie le diable, faux de croire que toutes les filles qui témoignent de l'intérêt à un tatoueur (ou à tout autre homme, en fait) usent de moyens aussi extrêmes. Dans l'offensive du charme, la plus grande majorité n'utilise pas d'armes de séduction aussi massives. Beaucoup, la plupart, font preuve de finesse et de subtilité. Mais, là, mon cher lecteur, tu me permettras de garder les détails pour moi.

De toute façon, il serait faux de me prendre pour un expert en la matière : j'ai pour habitude de poser ma montre sur ma table de nuit, de boire mon premier café avant de me brosser les dents et de me planter royalement dès qu'il s'agit des femmes. Le tableau féminin serait incomplet si, après avoir parlé des clientes et des diverses collaboratrices, je ne parlais pas des consœurs, des femmes qui font le même métier que moi.

Mis à part quelques exceptions célèbres (les historiens du tatouage aiment à parler des pionnières que furent Millie Hull de Coney Island, Titine Leu, et quelques autres), il semble que la profession, sans leur être exclusivement réservée, compta très longtemps une grande majorité d'hommes. Et ce pour une raison bien simple : jusqu'à il y a une trentaine d'années, les loustics qui se faisaient tatouer, marginaux de tous poils, constituaient une clientèle turbulente et pas forcément très facile à vivre. Depuis une vingtaine d'années, on rencontre de plus en plus de femmes tatoueuses qui, apportant une touche de raffinement plus que bienvenue, font évoluer le tatouage de façon vraiment positive, et le talent d'une nana comme Émilie La Perla, par exemple, est impressionnant. Émilie, qui travaille sur Bruxelles, mais se déplace aussi beaucoup dans le monde entier, produit un travail particulièrement net et raffiné. Je lui confie, sans hésiter et quand l'occasion s'en présente, les rares petits morceaux libres de mon épiderme afin qu'elle les orne de ses dessins précis et équilibrés.

D'autres femmes, hélas, vivent l'ex-machisme de la profession d'une manière qui les désavantage. Une anecdote à ce sujet : il y a quelques années, j'étais présent sur une convention en simple visiteur (on n'a pas toujours envie de bosser le dimanche, n'est-ce pas ?) L'organisateur de cet évènement, qui me croise au détour d'une allée, me reconnait et me demande tout de go de faire partie du jury du concours de cette journée de clôture. La proposition est flatteuse, je la prends, à tort peut-être, comme un signe de reconnaissance de sa part, et je l'accepte.

Au moment où les concurrents défilent devant le jury pour exhiber leurs tatouages, je remarque une pièce qui recouvre tout le dos d'un gaillard. Il s'agit d'une reproduction, ou plutôt d'une tentative de reproduction, d'un tableau de Franck Frazzeta (le célèbre illustrateur de fantasy et de SF. Il produisit, entre autres, les couvertures des romans de *Conan le Barbare*). C'est plus que moyen, aux limites de l'horrible. Les tracés sont baveux, les couleurs, mal posées, sont ternes, tous les coups de machine sont visibles et, comble de l'horreur et de l'arrogance, l'artiste s'est crue obligée de signer, à l'encre rouge, cette œuvre d'art (enfin, si l'on peut dire) !

Inutile de dire que ce tatouage, dont la taille était la seule qualité, ne récolta pas le moindre point de la part du jury et se trouva donc en dernière place du concours. À la proclamation des résultats, on assista à une scène pénible. Une furie blonde, l'auteur en question, échevelée, fit une véritable crise qu'on entendit de très loin : c'était scandaleux, comment avait-on osé reléguer ce splendide tatouage à la dernière place ? C'était bien là la marque honteuse du machisme qui règne dans un monde de mecs, de la brimade dont les mâles font preuve vis-à-vis de pauvres et faibles femmes qui… et que… et patati et patata. Il ne vint pas à l'esprit de l'artiste en question que, si elle n'avait pas eu le culot (car il en faut) de signer son travail, personne au sein du jury n'aurait su qu'elle était une femme et que le savoir n'avait de toute façon pesé en rien dans l'attribution des prix : ce tatouage était tout simplement très laid ! Rien de glorieux ne sortit de cette pénible histoire, personne n'en fut grandi, surtout pas la belle cause qu'est le féminisme !

Les médias

Un très éminent tatoueur français, célébré par les médias pour la qualité de son travail, me disait qu'« il faut être bienveillant envers les journalistes et leur consacrer du temps, ils en seront reconnaissants ».

Il faut pourtant reconnaitre que les journalistes (espèce souvent haïe par les tatoueurs) vont à l'essentiel, c'est une caractéristique de leur métier, et par là même tendent à simplifier des problèmes complexes.

Il m'est un jour arrivé d'avoir la visite d'une équipe de télévision et de me prêter au jeu de l'interview durant plusieurs heures, pour obtenir un résultat final de moins de trois minutes d'antenne. Ça fait partie du système, et il faut l'accepter. C'est ça ou envisager le fait, nettement moins drôle et valorisant, que le journaliste, qui suit les ordres de sa rédaction, trouve un autre interlocuteur qui dira, lui, peut-être tout autre chose.

En terme journalistique, le tatouage est ce qu'on appelle un « marronnier », un de ces sujets qui reviennent périodiquement, dont on doit parler, mais certainement pas à la une et dont, au sein des rédactions, on confie facilement la charge à un stagiaire : un peu comme la rentrée des classes ou l'ouverture de la chasse.

La presse s'intéresse donc au tatouage quand le reste de l'actualité est un peu terne et pour peu qu'un fait divers ait éveillé la curiosité du rédacteur en chef. Une interview où l'on tente de répondre de façon point trop stupide permet de désamorcer les bobards, de couper court aux bruits malveillants et peut même assurer une certaine publicité gratuite. Ce fut le cas pour moi lors d'un fait divers récent.

Une gamine à peine majeure s'était fait tatouer du nombre impressionnant de cinquante-trois étoiles noires, qui lui couvraient la moitié du visage, ce qui représente une sottise incommensurable. Pour une raison sous laquelle on devine la pression sociale, elle porta ensuite plainte contre le tatoueur, arguant qu'elle ne lui avait demandé que trois étoiles, et non les cinquante suivantes, mais qu'il avait profité de son sommeil. Le tatoueur en question (que je ne connais pas, ni en bien ni en mal, et n'ai donc pas d'intérêt à défendre ou à charger outre mesure) argumenta que la cliente lui avait bien demandé ce travail, mais qu'il était disposé à financer l'opération de dé-tatouage au laser. Cette affaire appelle plusieurs commentaires :

– Le tatoueur, c'est un fait, n'appartient certainement pas à l'ancienne génération (rappelle-toi, lecteur, que Jeff, jadis, enseignait non seulement un métier, mais aussi un code), pour laquelle tatouer sur le visage ne se faisait que rarement, après avoir longuement discuté avec le client, et au grand jamais sur des personnes jeunes, même majeures. Hors son évident manque de déontologie, ce tatoueur est vraisemblablement un sot : comment ne pas imaginer la réaction des proches d'une personne de dix-huit ans à la vue de ce chef-d'œuvre ?

– Ce même tatoueur a bien obéi à sa cliente : nous sommes là pour gagner notre vie ; or, faire (beaucoup) plus que ce que le client demande, dans n'importe quelle profession, est commercialement une perte. Si je dois tatouer trois étoiles sur une personne, cela ne me prend qu'un bon quart d'heure, une cinquantaine, plus d'une heure. Cela s'appelle la rentabilité.

– La gamine ment de toute évidence comme un vendeur de voitures d'occasion : s'endormir quand on se fait tatouer, c'est excessivement rare et uniquement le fait de personnes particulièrement résistantes à la douleur. De plus, si, comme elle l'affirme, elle ne voulait que trois étoiles sur la tempe, elle a bien dû se rendre compte qu'il excédait le travail demandé en tatouant sur le nez. Un tatouage est suffisamment douloureux pour ne pas s'endormir durant le travail, et celui ou celle qui me demanderait un tatouage sur la cheville par exemple se rendrait compte douloureusement si je tatouais le genou (toujours par exemple).

Une solution donc, soit il ment, soit elle ment, soit ils mentent tous les deux !

L'image publique des tatoueurs n'est pas sortie grandie de cette affaire, c'est certain, mais les journalistes qui sont venus, pour l'occasion, m'entendre énoncer les quelques évidences de base ci-dessus résumées m'ont, au moins, fait une petite publicité gratuite, alors que j'ai simplement fait preuve, en public il est vrai, d'un minimum de bon sens.

Les débuts des lois

Parlons, enfin, de cette fameuse loi de 2005 qui légifère sur les conditions de pratique du tatouage en Belgique. Il y a actuellement des lois analogues, plus ou moins restrictives, dans la plupart des pays européens, et même dans la plupart des pays du monde. Toutefois, la loi belge possède une caractéristique particulière : celle d'être née à la demande des tatoueurs.

Rappelle-toi, lecteur ou lectrice, la joyeuse anarchie de l'époque de mes débuts : il n'y avait strictement aucun cadre légal à l'exercice d'un métier qui touche, si l'on y songe, à la santé publique. Chacun faisait, dans son coin, sa petite affaire, sans norme d'hygiène d'aucune sorte, le meilleur (j'ai failli écrire « le moins mauvais ») côtoyant le pire, et l'État ne se souciait de nous qu'en acceptant, dans sa bonté, l'argent de nos impôts !

Dans une certaine mesure, ce manque de cadre légal faisait bien notre affaire puisqu'en conséquence, l'administration fiscale était dans le flou le plus total (j'ose le dire : un flou artistique) à notre sujet. Mais la mode du tatouage venant, les échoppes allaient pousser comme des champignons, et le temps semblait proche où cette période bénie (pas pour l'hygiène) allait se terminer.

Préliminairement, il me faut parler de l'association professionnelle, créée dans les années 2000 par l'ami Jack, tatoueur liégeois de son état. L'Association des Tatoueurs et Pierçeurs professionnels wallons (ATTPW) fut fondée comme un lieu de rencontre entre professionnels, basée sur une charte d'hygiène stricte (la loi qui devait voir le jour en 2005 sera en dessous des exigences de l'association, à telle enseigne qu'un tatoueur dûment agréé par la visite sanitaire du ministère de la santé sera purement et simplement viré par l'association, pour manque d'hygiène). Notre studio fut, à cette époque, le seul hors de Wallonie à y adhérer. L'épithète « wallon » peut surprendre le lecteur affligé de logique, mais je rappelle que je suis en Belgique, pays où rien de sérieux et rien de crédible ne peut se monter sans une étiquette communautaire et linguistique.

En effet, la Belgique est un petit pays fort complexe, divisé en de multiples régions et communautés linguistiques, pour le plus grand bonheur des légistes et des coupeurs de cheveux en quatre. Pour faire simple et à destination du lecteur non belge, il y a, en Belgique, trois régions : flamande, wallonne et Bruxelles-Capitale. Il y a trois communautés linguistiques : néerlandophone, francophone et germanophone, et il faut encore ajouter dix provinces et un gouvernement fédéral, histoire de simplifier. Est-ce clair ? Non ? Hé bien ce n'est pas si grave ; retiens que c'est compliqué !

Le coup de départ fut donné par une sénatrice, dont le nom m'échappe, en séance. Sa gamine, mineure, bien entendu, s'était fait poser un bijou au nombril ; non dans un studio de tatouage ou de piercing, mais dans une boite de nuit. L'acte, en soi anodin ou pas plus grave qu'une boucle d'oreille, interpella la brave dame. Dans un monde parfait, la question de la pose, ou non, d'une boucle d'oreille (il ne s'agissait que de cela) relèverait de l'autorité parentale, mais nous ne vivons pas dans ce monde idéal : il fallait, semble-t-il, que la loi intervienne ! Elle réclamait des mesures de toute urgence : son argumentation, toute émotionnelle qu'elle soit, n'en reposait pas moins sur la nécessité de combler un vide.

L'ATTPW monta au créneau avec enthousiasme pour réclamer un statut et des normes d'hygiène. Le ministre compétent, celui de la santé, fut, initialement en tout cas, enchanté de l'initiative : il pouvait répondre rapidement aux exigences de la mère de famille sénatrice, ou du moins démontrer sa réactivité à peu de frais. Il avait son interlocuteur privilégié, qui apportait dans sa musette des normes toutes faites ! C'était compter sans la belgitude des choses ! Au terme de revendications en tous genres et de tergiversations, le ministre prit une décision qui aboutit à une loi que je qualifierais de perfectible : moins exigeante que la charte d'hygiène des Wallons, elle fit engager à un certain nombre de studios des frais assez importants, trop pour certains, qui mirent clef sous la porte. La loi subit, de plus, quelques retards, dus notamment à la crise de la grippe aviaire, le ministère ayant brusquement d'autres chats à fouetter.

Entre autres choses, la loi prévoit, et cela est bon, un contrôle régulier d'un membre du ministère susdit, et je dois bien dire que, lors de ces contrôles, j'ai eu affaire à des gens vraiment d'une grande compétence, qui, fait suffisamment exceptionnel pour être signalé, agissent avec bon sens plutôt qu'en application bornée du règlement. Les agents en question, en très petit nombre, publient en outre les mises en garde à propos des encres pour lesquelles un souci éventuel apparaîtrait.

Un stage d'hygiène, dont la réussite est obligatoire (et qui coûte tout de même trois cent cinquante euros, il n'y a pas de petits profits), est rendu obligatoire par cette loi. J'admets avoir été plus que réticent à le faire : seulement trois jours, pour acquérir les règles d'hygiène, cela me paraissait soit trop, pour les professionnels expérimentés, soit trop peu pour les autres. Je tentai de faire reconnaitre la validité de mes stages en hôpitaux comme étudiant, et mon brevet « aide-équipe » (premiers soins militaires, un stage de trois semaines) : peine perdue, le ministère de la santé ne reconnait ni celui de l'enseignement, ni celui de la défense !

Me rendant en ronchonnant au stage en question (*damn*, trois jours de boulot qui passent à la trappe, et trois cent cinquante euros à casquer !), je me trouvai en compagnie de deux autres tatoueurs dignes de ce nom, d'un pierçeur, et d'une multitude de pigeons ayant reçu une formation coûteuse et grotesque de deux mois dans une « école de tatouage » tenue par un escroc notoire (le même qui avait été viré de l'ATTPW pour manque d'hygiène à l'époque). Pour ces derniers, en effet, le stage allait se révéler utile ! Mes deux collègues et moi-même perdîmes notre temps avec agacement en écoutant patiemment une infirmière nous expliquer comment enfiler des gants. L'examen final consista d'ailleurs à enfiler des gants et se limita à ça !

Enfin, aussi perfectible qu'elle soit, la loi sur le tatouage existe en Belgique, présente une certaine cohérence, et c'est là son principal mérite !

Suite à ce succès et ayant rempli son rôle, l'ATTPW allait entrer en sommeil.

En même temps que naissait l'ATTPW, les tatoueurs français, du moins une bonne partie d'entre eux, créaient leur propre association, le SNAT (Syndicat national des tatoueurs), sous la présidence de Tin-Tin, un grand nom du métier, qui mettait ainsi sa notoriété au service du plus grand nombre. Je trouvai intéressant de m'affilier également, partant du principe que le risque était non-nul (comme aurait dit mon vieux prof de math, toujours lui) qu'un beau jour, l'Europe (la partie stupide, celle qui, depuis sa tour d'ivoire de Bruxelles, légifère sur les normes de fabrication du camembert et influe sur le savoir-faire du fermier normand) s'intéresse à notre cas, cas de figure où des liens supranationaux pourraient se révéler utiles.

Dans un premier temps, le SNAT organisa surtout des réunions entre tatoueurs, où des spécialistes, médecins et avocats, par exemple, venaient prendre la parole pour instruire l'auditoire de sujets ayant trait à la profession. De plus, jouant son rôle de syndicat, le SNAT intervenait pour venir en aide à des tatoueurs cités en justice pour des affaires dans le cadre de leurs pratiques.

C'est en 2013, au moment où l'État français voulut interdire les encres de couleur que le SNAT, et particulièrement son président, est monté sur le devant de la scène. Rappelons les faits au lecteur peut-être mal instruit des détails.

Fin 2013 donc, l'État français, au nom d'un principe de précaution, craignant que certaines couleurs utilisées en tatouage ne soient nocives, voulut interdire le tatouage en couleur. Or, une seule étude sur la nocivité des encres en question existait. Cette étude, réalisée à l'université d'Helsinki, révèle que certaines encres (pas toutes) contiennent des éléments qui, ingérés (donc par voie orale, hein) en quantité importante, pourraient éventuellement se révéler nocives. Quelqu'un qui, comme moi, aurait mauvais esprit ne pourrait s'empêcher de noter que ces mêmes éléments se trouvent en quantité beaucoup plus importante que dans les encres de tatouage, dans nombre de produits cosmétiques, comme le rouge à lèvres, entre autres. Mais les grosses boites de cosmétique sont une proie bien plus grosse à manger que quelques tatoueurs marginaux !

Seulement, interdire ces encres, outre le fait que la précaution en question est inutile, serait une véritable catastrophe en termes de santé publique. Ce serait un bond de trente ans en arrière en ce domaine. En effet, interdire ces encres reviendrait à mettre beaucoup de tatoueurs au chômage, alors que le tatouage, lui, continuerait de s'exercer, dans la clandestinité cette fois, hors de tout contrôle sanitaire. Note que c'est la même chose en Belgique, pour des raisons financières : si l'État m'étrangle à force d'imposition, j'ai beau haïr positivement les tatoueurs clandestins, je rejoindrai leurs rangs, poussé à la faillite (étrangler un travailleur indépendant. À méditer, messieurs et mesdames les politiques).

Le SNAT attaqua donc bille en tête. Son président, Tin-Tin, et ce n'est pas le moindre de ses mérites, consacra beaucoup de temps, sacrifiant en partie sa vie de famille et une partie de son temps professionnel, à courir les élus, convaincant les uns et les autres de la stupidité monumentale de ce projet de loi. Il finit par obtenir gain de cause. J'ai bien sûr suivi l'affaire d'assez près, et ce pour de nombreuses raisons. Entre autres, et sans doute surtout, parce que je redoute toujours qu'un de nos politiciens belges, à l'affût d'une « bonne » idée susceptible de faire parler de lui, ne fasse un vulgaire « copier/coller » du projet français.

La belle victoire du SNAT et de son président fut quelque peu ternie, et c'est bien regrettable, par un tatoueur du sud de la France. Ce dernier, volant héroïquement au secours de la victoire et ayant fondé une association concurrente au but, semble-t-il, plus mercantile, essaya de s'en attribuer le mérite. Querelle franco-française aux puants relents de rivalité personnelle, de jalousie professionnelle pour la notoriété et le talent de Tin-Tin, jouant au moins autant que la soif de célébrité médiatique. Tin-Tin, usé par ce combat, eut l'élégance de se retirer de la présidence et de revenir à son activité artistique. Beau geste, certains pourraient en prendre de la graine !

Internet

En plus des médias traditionnels, sont apparus les médias sociaux, et le tatoueur qui négligerait aujourd'hui d'y être présent commettrait ni plus ni moins qu'un suicide commercial. Le meilleur des artistes, sans ses clients, n'est qu'un chômeur comme les autres. Les médias sociaux, Facebook en tête, sont devenus la vitrine obligatoire, vitrine d'autant plus intéressante qu'outre le fait de faire connaitre son travail, le tatoueur (et moi aussi, donc) peut y communiquer directement avec sa clientèle, qui fait sa propre recherche thématique de modèles, ce qui supprime en grosse partie l'irritante nécessité des catalogues.

Choisir son tatoueur ou suivre ses œuvres, c'est devenu une habitude pour la plupart des utilisateurs, et c'est, ma foi, très bien comme ça. Le tatoueur n'a plus besoin de faire développer des photos de son travail. L'intérêt est d'autant plus grand qu'au mauvais vieux temps de la photographie argentique, rien n'était aussi aléatoire que la prise en photo d'un tatouage, et ainsi, de beaux tattoos mal pris en photo ont pu disparaître des archives des artistes. Il est maintenant facile de poster rapidement des pièces récentes, ce qui est confortable, mais toute médaille a son revers, et ici, il y en a quelques-uns !

De tout temps et aussi loin que je m'en souvienne, il y eu des « pompeurs », des gens qui n'hésitent pas à s'attribuer le mérite du travail d'autrui. Un jour, en convention, j'ai trouvé dans un *press book* une photo d'un tatouage dont j'étais l'auteur. Comme je faisais remarquer au pignouf que la pièce en question n'était pas de lui, il répliqua avec un bel aplomb : « De quoi j'me mêle, de toute façon, c'est pour montrer aux gens ce qu'il est possible de faire ». Voilà un gars dont je saurai me souvenir dans mes prières !

Autre inconvénient d'Internet en général et de Facebook en particulier, c'est la prolifération de jolies filles abondamment tatouées qui s'exhibent. Soyons clairs et entendons-nous bien : je suis comme tout le monde, j'aime les jolies filles à poil, seulement leurs photos sont, la plupart du temps, retouchées. Oh, légèrement, bien sûr, mais leurs tatouages ont subi un petit coup de Photoshop, histoire d'avoir des couleurs bien vives. Ce n'est pas une arnaque, mais il ne faut pas trop espérer un résultat aussi flashy sur la peau lorsqu'on se rend chez le tatoueur !

Internet enfin, c'est le lieu par excellence des bruits de couloirs et des légendes urbaines. Il y a vingt ans, les gens avaient tendance à croire tout ce qui se disait dans les journaux, et on assiste aujourd'hui à un phénomène identique sur le net. À la différence près que si un journaliste est censé, normalement, vérifier ses sources et croiser ses informations, sur Internet, c'est bien souvent le règne du grand n'importe quoi !

Par exemple, il y a quelques années, une cliente fidèle m'informe que, sur un forum consacré au tatouage, un mec me taille un costard peu aimable. N'ayant rien de mieux à faire ce soir-là, je décide d'aller voir, non pour me défendre, puisque seuls les coupables se défendent, ou pour contrer la chose (je m'en tape comme tu n'as pas idée), mais par simple curiosité.

Sur le forum en question, et comme il est de coutume sur ces lieux virtuels, dissimulé derrière un pseudonyme et un avatar, en effet, un gus m'accuse de lui avoir foiré un simple prénom. Je m'inscris alors sur ce forum, pareillement masqué, et tente d'en savoir plus (il y a aussi un autre tatoueur bruxellois qui porte mon prénom, les gens nous confondent facilement, mais même lui ne raterait pas un tatouage aussi simple qu'un prénom). Sournoisement, je me fais passer pour un parfait ignare, sollicitant les conseils. Le gars en question mord immédiatement à l'hameçon, trop heureux de faire partager son expertise. Sur ce genre de forum, les gens qui participent beaucoup font exploser le compteur qui figure sur leur profil et passent facilement pour des gens qui connaissent leur sujet aux yeux des néophytes. Flatter un ego devient donc un vrai jeu d'enfant !

Une fois mon poisson correctement ferré, j'attaque le sujet. Il m'explique que le tatoueur (moi donc) lui aurait écrit un prénom sur le haut du bras. Les premières lettres seraient parfaites, mais les dernières, le calque s'étant effacé, auraient donné lieu à des interprétations folkloriques.

Ici, une explication technique s'impose. Un tatoueur droitier, tel que moi, va toujours commencer un motif par en bas et à droite. La raison en est fort simple : si je commence par tatouer en haut et à gauche, le talon de ma main, qui repose par conséquent sur le reste du calque de transfert, va effacer ledit calque (c'est clair ou je dois réexpliquer plus lentement ?) Donc, pour un nom sur le bras, je vais commencer par tracer les dernières lettres. Ce serait donc elles qui seraient parfaites ! Bref, l'histoire de ce mec commence à sentir un petit peu l'oignon. Pour en avoir le cœur net, je demande au gars de poster une photo.

Le temps qu'il réagisse à ma demande, je fais un tour sur le forum à la recherche d'autres interventions de sa part. Sans être vraiment ce qui, dans le jargon de la « Netiquette », s'appelle un boulet, c'est tout de même assez révélateur : ce type donne son avis sur tout et à tire-larigot, bornant parfois ses posts à un « LOL » ou à une émoticône. Il se fait souvent recadrer par les modérateurs, ce qui en dit long : il a soif de reconnaissance.

Je cesse là l'investigation, il poste un texte où il explique que le tatouage était si moche qu'il l'a fait recouvrir. Et là, surprise : la photo du recouvrement, un voilier traditionnel en noir et gris (et qui ne conviendrait absolument pas à un recouvrement, procédé qui réclame un tatouage large et plutôt foncé), je la connais bien, elle figure notamment sur l'ancien site internet du studio, mais a aussi été reprise dans une base de données par un amateur de motifs de tatouage. Je connais bien, donc, cette photo, et ce pour une bonne et simple raison : c'est moi qui suis l'auteur de ce tatouage, sur un de mes amis, officier de Marine marchande de son état, dont c'était le premier pas dans le monde de l'encre ! J'aurais donc raté un prénom, mais le gars serait tout de même revenu vers moi pour faire couvrir la chose ? Cette histoire ne tient pas la route, et je quitte ce forum sans ressentir le besoin de recadrer ce cuistre. Je n'en ai ni le temps, ni l'envie.

Internet est donc une excellente source de documentation, mais les informations qu'on y trouve, comme en toute chose, sont à prendre avec autant de prudence que de recul !

En guise de conclusion

Je m'en voudrais de terminer ce bouquin sans gratifier le lecteur qui aurait eu la patience de le lire jusqu'au bout, de quelques conseils utiles sur l'art, ainsi que la manière d'obtenir le meilleur d'un tatoueur et de s'offrir un tatouage de bon niveau.

— Le choix du motif

Rien ne serait pire que d'aller boire un coup au bar du coin et de voir le client assis à côté de soi porter un tatouage identique, surtout si l'ivrogne en question est le dernier des connards, pas vrai ? Donc, dans le choix du motif, une bonne recherche est une excellente idée, et Internet est là pour ça, sélectionner deux ou trois dessins et photos, en identifiant clairement ce qui plait et ce qui ne plait pas dans chacun d'eux. Ceci permettra de guider un maximum le tatoueur lorsqu'il dessinera un motif unique et réservé à un seul client. Rien de pire non plus que de consulter un catalogue et de choisir un dessin usé jusqu'à la corde : ce serait la garantie d'un tatouage aussi banal qu'impersonnel.

— Le choix du tatoueur

Avant tout, petite piqûre de rappel : on évite les tatoueurs clandestins, dits aussi « tatoueurs à domicile », d'abord parce qu'au niveau santé publique, ils sont aussi incontrôlables qu'incontrôlés, ensuite parce que le tatouage est un métier, et, comme tel, il réclame, pour avoir un niveau ne serait-ce que correct, plusieurs heures de pratique quotidienne, des années durant. L'ambition de nombreux tatoueurs à domicile serait de travailler dans un vrai studio, mais ils n'ont tout simplement pas le niveau minimum requis. L'économie réalisée en faisant appel à l'un d'eux (parce qu'ils sont moins chers, forcément) est une fausse économie. Un client est venu me voir récemment pour corriger le sale travail d'un de ces mecs, qui lui avait pris quatre cents euros pour un demi-dos bâclé ! Pour un boulot de ce type, je lui en aurais pris six cents, et c'est exactement le prix qu'il va payer pour le refaire !

Un bon tatoueur, c'est un tatoueur qui fait des tatouages que tu aimes (j'aime bien, de temps à autre, prononcer des évidences bien senties, ça me donne l'air intelligent, enfin je crois).

Internet est certainement une bonne source de documentation dans cette recherche, mais s'y fier absolument, on l'a vu, est aussi une erreur, comme du reste, se fier aux photos d'un *press book*, voire à une vitrine. Rien ne remplace le contact avec un ami tatoué, dont le tatouage est de bonne qualité.

Mais qu'est-ce donc qu'un tatouage de bonne qualité, justement ? C'est, d'abord et avant toute chose, un tatouage bien positionné et qui s'intègre de façon harmonieuse au membre (bras, jambe, etc.) sur lequel il se trouve. On y reviendra. Ensuite, il faut en observer les lignes, c'est-à-dire le tracé noir. Ces lignes devraient, idéalement être nettes et sans défaut. Les ombrages doivent être bien posés, sans coup de machine et trace d'aiguilles trop visibles, à moins que ce ne soit un effet voulu, ce qui est rarement le cas. Les couleurs, s'il y en a, doivent être encrées de façon correcte. Enfin, l'utilisation des espaces où la chair est restée vierge d'encre a son importance également.

Naturellement, un bon tatoueur, ce n'est pas qu'un talent artistique. Utilise-t-il des aiguilles à usage unique ? Son studio est-il propre ? Conseille-t-il les clients et est-il honnête dans ses conseils ? À ce sujet, j'ai vu et connu des tatoueurs qui étaient de parfaits incapables sur la peau, mais d'excellents commerciaux, capables de vendre n'importe quoi à n'importe qui. Je crois profondément qu'un bon tatoueur, c'est un peu le contraire, il doit savoir refuser un boulot, savoir dire : « Écoute, ton truc, là, c'est pas top ». Mais la tentation de gagner de l'argent est parfois plus forte que l'honnêteté intellectuelle.

Nous vivons dans une société où celui qui paie ne peut qu'avoir raison. Cela conduit certains tatoueurs à acquiescer béatement aux demandes les plus biscornues, voire à accepter de tatouer des motifs dont ils savent pertinemment qu'ils n'ont aucune chance de vieillir correctement. Typiquement, on va souvent retrouver ce genre de comportement dans les stations balnéaires et les lieux de vacances : les fines aiguilles qui officient dans ces endroits savent qu'il y a peu de chance que le client vienne râler l'été suivant, pas vrai ? Le problème, c'est que, dans ce mode de fonctionnement social qui est le nôtre, le « non » est souvent mal accepté, et encore moins bien perçu. Je l'ai déjà précisé, mais j'insiste, c'est important : un tatoueur qui ose dire « non » passe, s'il le dit avec un sourire, pour un plaisantin (ouais, en fait, son « non », c'est une bonne blague, ça veut dire oui), ou s'il le dit sans sourire, pour un sale type qui refuse de bosser (qui donc refuserait, pourtant, de gagner de l'argent pour le plaisir de n'en pas gagner ?), un désagréable qui refuse juste pour faire chier son monde. Ne pas croire, non plus, que « non », ça signifie « oui, si j'insiste suffisamment », ce qui, dans un autre contexte, est le raisonnement qui justifie un viol.

« Non » n'est rien d'autre qu'un refus, ce n'est ni une blague, ni une impolitesse, c'est dans notre cas un avis professionnel.

— La visite au studio

Je vais, encore une fois, énoncer une évidence, « bonjour » est un mot fort utile et un bon début pour une relation mutuellement fructueuse. Ne pas tenir compte de cette peu coûteuse obligation sociale donne parfois des dialogues de sourds, savoureux, peut-être, un temps tout du moins, mais qui lassent les tatoueurs qui les répètent trop souvent.

— Ouais, alors je veux savoir le prix de...

— Bonjour.

— Mais c'est combien un tatouage de...

— Bonjour.

— Mais...

— Bonjour.

— Je...

— Au revoir.

(— En sortant) Pff, l'est vraiment pas sympa, ce mec !

Une fois utilisé ce petit mot magique, attendez un petit peu : il se pourrait que le tatoueur soit occupé encore un instant.

Une fois que le dialogue s'engage, il faut essayer d'être aussi clair et précis que possible : la documentation préalablement réunie trouve alors sa première utilisation. Un minimum d'expression orale est d'une grande aide (genre phrases, sujet-verbe-complément, c'est pas mal), ce qui évite une grande incompréhension. Imagine, lecteur, devoir répondre à l'authentique dialogue suivant :

— Ouais heuuuu, je veux un truc sur l'arrière du dos.

— L'omoplate ?

— Oui, en fait non, mais pas au milieu.

— Hummmmm, oui, mais plus précisément ?

— L'arrière du dos à droite.

— (Soupir) OK, et tu voudrais quoi ?

— Ben un tatouage.

— Très bien vu : pour commander une pizza, t'es au mauvais endroit, mais encore ?

— Un truc comme le bras du chanteur là !

— Qui ?

— Ben le chanteur, t'sais bien !

Et ainsi de suite, ça peut durer un petit moment, ce genre de dialogue, et c'est assez énergivore !

En ce qui concerne la taille envisagée, ne pas hésiter : plus grand c'est, au mieux c'est. Un tatouage important vieillira toujours mieux qu'une crotte de mouche ! Il faut occuper au mieux l'espace disponible, et on est moins ridicule avec un motif d'une taille correcte. Bien des gens confondent petite taille et discrétion. La discrétion, ce n'est pas un tatouage de petite taille, c'est un tatouage placé dans un endroit facilement dissimulable par des vêtements. Il n'y a que les stripteaseuses et les maitres-nageurs qui bossent à poil ! La taille est importante aussi pour un aspect général qui ne soit pas trop grotesque : quoi de plus risible qu'un gars de deux mètres et cent dix kilos qui retrousse orgueilleusement sa manche de t-shirt pour exhiber des biscoteaux de lutteur de foire tatoués d'une minuscule calligraphie asiatique ?

Une fois le genre et la taille du motif décidés avec le tatoueur, la précision de la demande et la documentation éventuellement fournies, le tatoueur s'attaque à un projet papier. Il prépare un projet, c'est entendu, mais le gars qui demande, par exemple, une panthère ne doit pas s'attendre à ce qu'on en dessine une dizaine, et c'est bien pour ça que la demande se doit d'être suffisamment précise : une panthère « *old school* » (ce style un peu naïf, sans doute, des anciens tatoueurs, très efficace du point de vue graphique) ou réaliste, en noir et blanc ou en couleur, dans quelle position, pour être tatouée sur quelle partie du corps ? Tous ces éléments étant précisés, il est temps d'obtenir un devis, histoire de pouvoir budgétiser la chose.

Un tatouage de bonne qualité pour un prix dérisoire, ça n'existe pas : la qualité a un prix. Se faire tatouer une daube parce que ça correspond au budget restant pour la fin du mois, c'est obtenir une marque corporelle permanente de qualité inférieure. C'est paradoxal de voir des gens dépenser sans compter pour une télévision dont la durée de vie dépasse rarement cinq ans (ça s'appelle l'obsolescence programmée) et chipoter pour dix euros lorsqu'on parle tatouage, alors qu'ils seront, normalement, enterrés avec !

Pour d'évidentes raisons de bonne éducation, on ne négocie pas le prix. Il m'arrive très souvent de faire des réductions à des gens sympas qui veulent un truc que j'aime faire, mais je considère qu'un studio de tatouage, ce n'est pas le souk de Bandar Abbas : je ne vends ni des tapis, ni des cacahouètes au kilo ! Celui qui voudrait marchander le prix du travail devrait, en bonne logique, s'attendre à ce que le tatoueur marchande la qualité de son travail, et ce n'est jamais le cas ; marchander, c'est petit !

À la prise de rendez-vous, un acompte est souvent exigé. C'est normal, ça fait un moment que j'ai cessé de dessiner uniquement pour le plaisir, et le client qui « oublie » de venir au rendez-vous et qui n'a pas eu la courtoisie de se décommander à temps perd son acompte. C'est, hélas, une habitude qu'ont certains grossiers merles que de ne pas venir ou d'arriver une demi-heure en retard. Pas de pitié pour le porte-monnaie de ces pignoufs !

Entre la prise de rendez-vous et le jour de celui-ci, une bonne idée consiste à se préparer pour l'acte lui-même. Hydrater la peau, afin de la rendre souple, est certainement un plus, particulièrement pour les gens qui ont la peau sèche ou qui passent beaucoup de temps au soleil. L'excès de boissons alcoolisées liquéfie le sang, comme, du reste, l'aspirine, rendant le travail du tatoueur plus difficile, car un saignement excessif gêne un peu la bonne exécution du travail. Une autre bonne idée consiste à raser, largement, la veille, la zone à tatouer. Tous les tatoueurs rasent l'endroit à tatouer, mais on évite de l'inconfort (le feu du rasoir) en procédant la veille. Bien manger, dormir suffisamment et arriver en forme, et la gestion de la douleur se fera facilement.

Le jour du rendez-vous (je sais, ça a l'air d'une évidence), prendre une douche. Ni moi, ni aucun autre tatoueur ne sommes là pour supporter le manque d'hygiène corporelle de certains ! Je me souviens d'une cliente, le genre grande bourgeoise, tailleur de bonne coupe, montre de prix et sac à main de luxe. Elle voulait une petite rose sur le pied. Une fois son escarpin et ses bas ôtés, son pied était noir de crasse, si dégueulasse que, pour le laver, il aurait fallu deux litres d'alcool isopropylique et un ciseau à froid ! Comme je lui faisais remarquer que c'était impossible pour moi de tatouer sur un panard pareil, elle boita (ce n'est jamais élégant une femme qui n'a qu'un seul haut talon, et je ne suis pas charitable de ricaner de la sorte, mais j'assume) vers mon évier.

— Vous faites quoi, là, madame ?

— Eh bien je vais me laver le pied, évidemment !

— Pas dans MON évier, il serait bon à remplacer ensuite !

La dame est partie, furieuse et sans tatouage, et je ne le regrette absolument pas. Donc, la crasse et les bouts de jambon sur le pull, merci d'éviter !

La ponctualité, dit le proverbe, est la politesse des rois. Le client soucieux de bonnes manières arrive à l'heure. Arriver avec une demi-heure d'avance est inutile, si ça se trouve, le tatoueur est encore occupé sur le client précédent. Arriver en retard, c'est prendre le risque de voir sa place prise par une personne de passage qui voulait un petit tatouage. Par principe, je refuse les clients qui ont plus de quinze minutes de retard, sauf ceux qui, pris dans un embouteillage par exemple, prennent la précaution de me téléphoner. Ce qu'il faut comprendre, c'est que, comme tout un chacun, j'ai une vie en dehors de mon boulot. Par un phénomène aussi connu qu'inexpliqué, deux fois une demi-heure de retard au cours de la journée se transforment en une heure et demie de plus au boulot le soir. Mathématiquement impossible, mais bien réel !

Bon, alors c'est parti, le tatoueur se met à bosser. Deux détails à préciser. Un : s'il demande qu'on ne bouge pas quand il usine, c'est pas pour emmerder son monde, mais parce que chaque mouvement se traduira par une erreur, et sur la peau de qui elle sera, cette erreur ? Deux : ce n'est pas utile de dire au tatoueur que ça fait mal, il est parfaitement au courant, merci !

Le tatouage est, enfin, fini. Je ne vais pas insister ici sur la nécessité de le soigner, du reste, chaque artiste recommande une méthode de soin qui lui est propre. Des variantes peuvent donc apparaitre, mais une constante demeure, un tatouage, c'est une plaie superficielle sur la peau. Faire preuve de simple bon sens au moindre doute, ça ne peut pas faire de mal !

Enfin (je sais, ça parait logique), il s'agit de payer l'artiste. En vingt ans de pratique, seuls quatre clients m'ont dit « Je vais jusqu'à la banque et je reviens » sans revenir. Je garde soigneusement en mémoire les visages de ces enflures. Il y eut notamment une petite mamie, la soixantaine usée jusqu'au trognon, qui vient se faire tatouer une petite colombe sur la cheville. Le tatouage fait, elle me fait le coup de la banque et ne réapparait pas. Ce qui, incidemment, me fout un peu en rogne ! La semaine suivante, voilà ma petite mamie qui revient. Est-ce pour payer ? Que nenni ! La vieillasse, pleine d'aplomb, m'annonce qu'elle voudrait une rose sur l'omoplate !

— Mais bien sûr, madame, volontiers, mais si nous parlions d'abord du prix du tatouage de vendredi dernier ?

— Comment ? (s'offusque ce vénérable débris) Vous ne me faites pas confiance ?

— Pour tout dire, non, pas vraiment.

— Mais je vais vous payer, ne vous inquiétez pas !

— Bien sûr, mais vous payez d'avance aujourd'hui.

— Rhoooooo, d'accord !

L'histoire ne s'arrête pas là : deux ans plus tard, j'étais en train de tatouer un mec, et, comme souvent, on papote de choses et d'autres (les tatoueurs et les dentistes ont plusieurs points communs : ils portent des gants, font mal aux gens et discutent avec leurs clients ; la différence, c'est que le dentiste, plus il a de doigts dans ta bouche, plus il pose des questions qui réclament des réponses). La conversation tombant, comme une sotte, sur les clients qui se barrent, je lui raconte cette historiette, dans le but de le faire sourire, mais il me regarde d'un air accablé et lâche, sombrement : « Je sais, je la connais, c'est ma mère ! Et elle est coutumière du fait ! » Ça ne s'invente pas !

Bon, là-dessus, il ne faut pas forcément suivre tous mes conseils, parce que je vais te dire un truc : je suis peut-être bien le champion du monde des conseils d'ami, mais la plupart du temps, je suis totalement incapable de les suivre moi-même. Ça fait plus de vingt ans que je conseille aux gens de ne pas se faire tatouer des trucs genre témoignage d'amour, cœurs avec bannière et prénom de la femme aimée et autres bidules kitch. Crois-tu, lecteur dubitatif, que je suive cet avis éclairé ? Que nenni ! Bien au contraire, je me suis fait tatouer mon dernier (et pas le seul) témoignage d'amour il n'y a que quelques mois de ça, pour les beaux yeux d'une dame qui m'a, bien sûr, laissé choir ! Faites ce que je dis, ne faites pas ce que je fais !

Que je m'explique : durant la plus grande partie de ma carrière, quand on venait me voir, et comme je viens juste de le dire plus haut, je déconseillais à mes clients le tatouage amoureux, le témoignage d'une passion que l'expérience sait, hélas, éphémère.

— Bonjour, je voudrais me faire tatouer un cœur sur le bras avec le prénom de ma copine dans une banderole en parchemin.

— T'es sûr que c'est une bonne idée ? Parce que si elle se barre avec un autre, t'auras l'air malin avec ça sur la couenne, tu n'auras plus qu'à le faire recouvrir par un autre tatouage, ou à t'offrir quelques séances de rayons laser !

C'est très logique, tout ça, mais depuis quelque temps, mon avis sur la question est devenu plus nuancé. Un tatouage, quel qu'il soit, c'est compromettant, c'est un engagement à vie. S'engager par amour, quand on y pense bien, c'est pas si mal. Être capable de s'engager est la marque des personnes de qualité. Et peu importe, ma foi, si cet engagement, et ce pour tout un tas de raisons respectables, s'est trouvé ne pas être le bon, ça n'en demeure pas moins un engagement.

Je vais, pour une fois, illustrer mon propos par une histoire fictive, qui n'est peut-être pas si fictive que cela ; et cela mènera mon bouquin à sa fin. Une fin sur une note romantique, pourquoi pas, après ces pages de ricanement. J'adresserai cette histoire aux mecs, sachant qu'elle est tout aussi valable pour les nanas, mais que celles-ci n'auront, elles, aucun effort d'imagination à fournir pour faire la traduction, tant elles sont plus fines mouches que nous.

Donc, mon lecteur, imagine : c'est un tiède soir de juin, et grâce à tes innombrables qualités, tu as fait la conquête d'une femme sublime. La trentaine, de longs et brillants cheveux noirs, la peau couleur de miel d'une princesse italienne. Sa taille est fine, ses hanches rondes, et son côté pile vaut largement le côté face. Elle est belle, comme seules les femmes qui ont souffert savent l'être, et dans son œil, quelque chose annonce qu'elle est capable de prendre des décisions douloureuses et de faire face ensuite.

Tu l'as entrainée dans ton petit chez-toi, et elle sait bien que ce n'est pas pour jouer au Monopoly. Au cours des préliminaires, que je te devine, coquin que tu es, suffisamment expert pour ne point bâcler, tu aperçois un tatouage, juste sous le sein gauche, sur les côtes. Un fort joli tatouage d'ailleurs, un témoignage d'amour. Pas un cœur avec un prénom, non, rien de banal ! C'est beau, fort symbolique, et c'est visiblement un témoignage d'amour pour un homme, homme avec lequel elle n'est plus, puisque là, elle est avec toi !

Et là, tu ressens comme une pointe de jalousie, sentiment mesquin entre tous ! J'ai connu bien des hommes qui, en la circonstance, se laisseraient sottement guider par la jalousie, qui tenteraient de persuader la belle, soit de faire recouvrir cette œuvre d'art par un tatoueur compétent (les tatoueurs appellent ça un « *cover up* », recouvrant le corps du délit par un autre tatouage), soit de recourir à l'effacement par rayon laser. Je te l'affirme, c'est la façon des gens de peu !

Que diable, tu ne t'imaginais tout de même pas être le premier homme dans la vie d'une femme pareille ? En réalité, ce tatouage t'indique que cette femme est capable de s'engager par amour, et ça, ce n'est pas rien : elle s'engage à fond et engage même sa peau dans l'aventure. Si tu gères la chose avec tact, comme un gentilhomme et pas comme un pignouf, il se pourrait bien qu'elle s'engage à tes côtés aussi ; peut-être pas avec un tatouage cette fois, mais cet engagement, tu pourras y croire. On s'est compris ?

Alors, point d'amertume (sentiment que doit sans doute éprouver celui pour qui ce tatouage fut fait) ! Si je ne devais retenir qu'une chose en plus de vingt piges dans ce turbin, c'est ça : quelle que soit la raison qui pousse au tatouage (et même si cette raison n'est que d'ordre esthétique), c'est toujours un engagement, parce que c'est définitif.

Voilà, j'en ai terminé avec mes conneries, tu sais maintenant comment je suis devenu tatoueur, et ça te fait une belle jambe, pas vrai ? Tu connais un peu plus le dessous des cartes, du moins de mes cartes, celles de ces vingt dernières années. Quant aux vingt suivantes, ce sera peut-être une autre histoire !

Ciao, mon pote, merci de m'avoir lu jusqu'au bout !

Table des matières

IMPRIMÉ EN CE